Elke Dannecker (Hrsg.) • Birgit Rieger

100 Fünf-Minuten-Spiele

Elke Dannecker (Hrsg.) · Birgit Rieger

100 Fünf-Minuten-Spiele

Ravensburger Buchverlag

Inhaltsverzeichnis

Spiele für draußen

In Hof und Garten

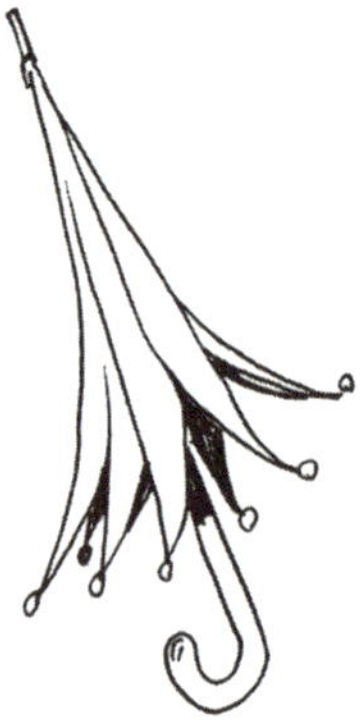

Spaziergang in der Stadt

Spaziergang durch Wald und Wiese

Spiele für drinnen

Für Regentage

Wir müssen warten

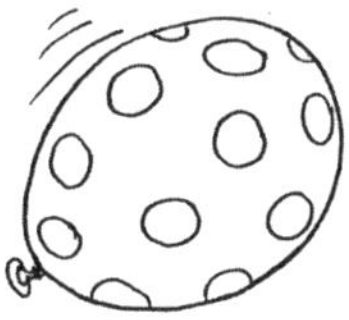

Für Autofahrten

Im Restaurant

Für kranke Kinder

Spiele für draußen

In Hof und Garten

Wasserbrigade

ab 4 Jahren

- ❍ **Eimer**
- ❍ **Wasseranschluss**

Das ist ein Spiel für heiße Sommertage; alle tragen Badekleidung.

Die Spieler, am besten die ganze Familie, bilden eine Schlange. Am Anfang steht ein Kind oder Erwachsener am Wasseranschluss und füllt einen Eimer mit Wasser. Der Eimer wird rasch von Hand zu Hand gereicht. Der vorletzte Spieler darf den Wassereimer über den letzten Spieler in der Reihe ausgießen. Dieser – nun von Kopf bis Fuß erfrischt – übernimmt die Aufgabe des ersten Spielers am Wasseranschluss, füllt den Eimer neu, und los ...

Schüsselsitzen

ab 4 Jahren

- ❍ **Große Plastikschüsseln oder Eimer**
- ❍ **Wasser**
- ❍ **Kassettenrekorder**

Noch eine Abkühlung für heiße Tage gefällig? Bitte schön! Für jeden Mitspieler wird eine Schüssel oder ein Eimer im Kreis aufgestellt. Wie bei der „Reise nach Jerusalem" gehen die Mitspieler, während Musik spielt, um die Schüsseln herum. Stoppt die Musik, wirft sich jeder Spieler in eine Schüssel / Eimer und – ja einer hat leider Pech gehabt, denn eine Schüssel ist randvoll mit Wasser gefüllt. Es empfiehlt sich deshalb, dieses Spiel in Badekleidung zu spielen.

Springseil aus Wasser

ab 4 Jahren

- ❍ **Gartenschlauch**
- ❍ **Wasseranschluss**

Das ist ein Spiel für einen Sommertag, wenn der Rasen sowieso gesprengt werden muss. Den Wasserstrahl gleichmäßig im Kreis schwingen lassen. Ein, zwei oder mehrere Kinder hüpfen wie bei einem Springseil über den Wasserstrahl.

Wer schafft es und ist bis zum Schluss trocken? Trotz aller Geschicklichkeit sollte man für dieses Spiel am besten Badekleidung tragen.

Schattenmalen

ab 4 Jahren

❍ **Straßenkreide**

Wenn die Sonne scheint, kann man die schönsten Schattenbilder malen. Einfach so hinstellen, dass der Schatten lang aufs Pflaster fällt. Dabei lässt man sich natürlich eine besonders schöne Pose einfallen. Ein Mitspieler zeichnet die Umrisse des Schattens nach und danach wird der Schattenmann oder die Schattenfrau in den schönsten Farben ausgemalt. Der Name des Schattengebers darf natürlich nicht fehlen. Dieses Spiel kann endlos variiert werden, indem man ganze Szenen darstellt oder rät, welcher Schatten zu wem gehört ...

Anstoßen

ab 6 Jahren

❍ **2 Bälle**

Zwei Spieler knien sich in größerem Abstand gegenüber. Einer beginnt seinen Ball auf den Gegenspieler

zuzurollen. Dieser versucht den rollenden Ball auf seinem Weg mit seinem eigenen Ball zu treffen. Ist der Anstoß gelungen, gibt es einen Punkt. Danach wird gewechselt und zum Schluss werden die Treffer verglichen.

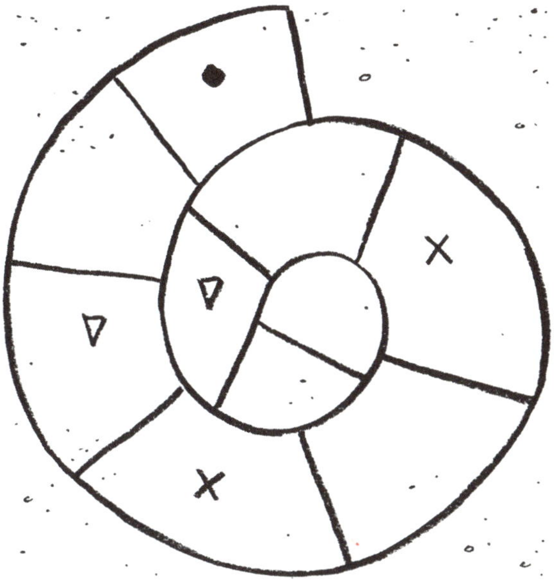

Schneckenhüpfen

ab 5 Jahren

❍ **Straßenkreide**

Aufs Pflaster wird eine große Schnecke gemalt und diese in mehrere große Felder eingeteilt. Der erste Spieler hüpft auf einem Bein alle Felder ab, ohne auf einen Strich zu treten. In das letzte Feld darf er mit beiden Beinen hüpfen. Nach einer kurzen Verschnaufpause geht es wieder zurück. Wer den Parcours fehlerlos durchhüpft hat, darf ein beliebiges Kästchen ankreuzen. Der nächste Spieler muss, bei diesem Kästchen angekommen, das Hüpfbein wechseln. Vergisst er es, scheidet er aus. Ebenso wenn er auf einen Strich tritt. Macht auch er keinen Fehler, darf er ein weiteres Kästchen mit seinem Zeichen markieren. Das Spiel geht so lange, bis alle Felder markiert sind.

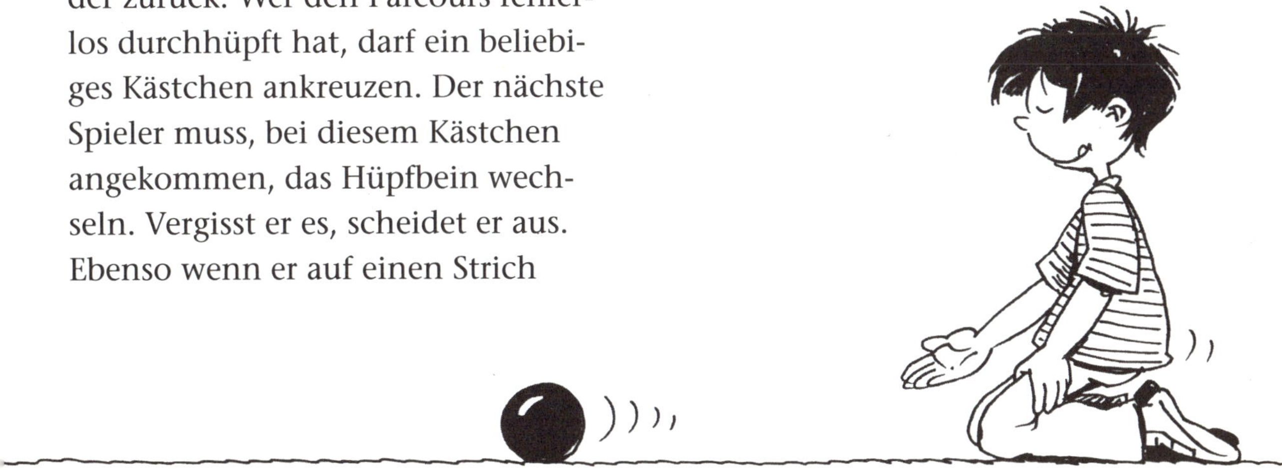

Fußstapfen-Loipe

ab 7 Jahren

❍ Kein Material

Dieses Spiel ist am besten auf frisch gefallenem Schnee, aber auch am Strand zu spielen. Zur Not kann man auch Fußstapfen auf die Straße malen. Zuerst wird eine Fußstapfen-Loipe angelegt, die kreuz und quer laufen kann. Ist die Loipe „gespurt", begeben sich alle Spieler in beliebige Fußstapfen, von denen aus gestartet wird. Kein Spieler darf die Spur nun wieder verlassen oder gar die Richtung wechseln. Über kurz oder lang kommt man sich da natürlich in die Quere. Es bedarf schon Geschick und Absprache, um aneinander vorbei zu kommen. Man kann sich gegenseitig vorbeidirigieren, und natürlich darf man sich auch auf alle viere begeben, um mit den Händen in die Fußstapfen zu kommen.

Fix-Volleyball

ab 6 Jahren

- ❍ Gummiball
- ❍ Netz
- ❍ Schnur
- ❍ Teppichstange oder Baum

Ein Gummiball wird in ein Netz gegeben und dieses mit Hilfe einer Schnur an einem Baum oder einer Teppichstange festgebunden. Nun kann das Volleyballspiel geübt werden, ohne dass der Ball ständig auf den Boden fällt oder davonrollt. Entweder man übt ganz allein oder man spielt zu zweit, wobei sich die Spieler den Ball zupritschen.

Besenhockey

ab 6 Jahren

- ❍ 1 Besen pro Spieler
- ❍ Ball
- ❍ Schachtel

Eine Schachtel ist das Tor, in das der Ball mit Hilfe der Besen befördert werden soll. Kleiner Nebeneffekt: Ein absolut sauber gekehrter Hof.

Basketball mit Eimer

ab 7 Jahren

- 2 Plastikeimer
- Sand
- Tennisball

Die Eimer mit etwas Sand füllen, damit sie standfest bleiben, und in größerer Entfernung voneinander aufstellen. Jeder Spieler geht hinter seinem Eimer in Stellung. Einer beginnt, indem er versucht, mit dem Tennisball in den Eimer des anderen zu treffen. Der Clou an dem Spiel ist, dass versucht werden sollte, den Wurf nicht direkt auszuführen, sondern den Ball vorher auf dem Boden aufprallen zu lassen. Für jedes weitere Aufprallen gibt es einen Zusatzpunkt zum Treffer. Der Gegenspieler bewacht seinen Eimer und versucht natürlich, den Ball vorher abzufangen. Fängt er den Ball, ist er an der Reihe sein Wurfglück zu versuchen. Dabei darf er aber weder zum Fangen noch zum Werfen hinter seinem Eimer vorkommen.

Schlagball

ab 8 Jahren

- Kreide
- Ball

Für dieses Spiel braucht man vier Mitspieler. Mit der Kreide wird ein sehr großes Quadrat aufs Pflaster gemalt, das in vier gleich große Felder aufgeteilt wird. Jeder Spieler begibt sich in ein Feld.

Ein Spieler schlägt auf. Der Aufschlag geht so: Der Ball wird auf den Boden geprellt und anschließend mit der flachen Hand in ein beliebiges anderes Feld geschlagen. Dessen Spieler lässt den Ball einmal aufprallen und schlägt ihn seinerseits in ein beliebiges Feld. Das geht so lange, bis ein Spieler ein Feld verfehlt oder die Linie trifft. Dieser Spieler bekommt einen Strafpunkt. Wer am Schluss die wenigsten Strafpunkte hat, hat gewonnen.

Flaschenkegeln

ab 6 Jahren

- 10 leere Plastikflaschen oder -becher
- Gummiball
- Brett

Die Flaschen oder Becher werden in V-Form aufgestellt. Je nach Alter des Kindes wird eine Linie vereinbart, die nicht überschritten werden darf und von der aus gekegelt wird. Hinter den Flaschen sollte ein Brett oder etwas Ähnliches den Lauf des Balles abbremsen.
Na dann: Gut Holz!

Dieses Spiel kann natürlich auch in der Wohnung gespielt werden, wenn entsprechend genug Platz vorhanden ist.

Vorwärts – rückwärts – seitwärts ...

ab 4 Jahren

- Kein Material

Bei einem Spaziergang kommt es manchmal vor, dass das Kind keine Lust mehr hat weiterzulaufen oder gelangweilt hinterhertrödelt. Dann ist das folgende Spiel genau das richtige.

Alle Spaziergänger fassen sich an der Hand und und rufen gemeinsam, während sie, mit dem rechten Fuß beginnend, im Rhythmus gehen, folgenden Spruch:

Bei „vorwärts – rückwärts – seitwärts – ein“ machen alle mit dem rechten Fuß die entsprechenden Schrittbewegungen. Mit der Zeit kommt man so richtig in Schwung und hat in null Komma nichts eine langweilige Wegstrecke hinter sich gebracht.

Abschlagen

ab 5 Jahren

❍ Kein Material

Hat man etwas ruhigere Spazierwege erreicht, wo einem wenig Spaziergänger entgegenkommen, kann man diese Variante des Fangenspielens spielen. Einer läuft voraus und ein zweiter Spieler versucht, diesen einzuholen und ihm leicht auf den Rücken zu schlagen. Natürlich wäre das viel zu einfach und deshalb wird die Sache etwas erschwert. Der Vorausläufer schlägt auf seiner „Flucht" alles Mögliche im Weg stehende an. Einen Briefkasten, eine Mauer, eine Gartentür usw. Der Verfolger muss alles getreulich nachmachen.

Eine Variante wäre, verschiedene Bewegungen auszuführen, also in die Luft hüpfen, Arme schlenkern usw., die der Fänger natürlich ebenfalls ausführen muss.

Wem das Fangen zu anstrengend ist oder wenn mehr als zwei Spieler beteiligt sind, kann man auch eine Schlange bilden, bei der der Erste einfach etwas vormacht und alle anderen es nachmachen.

Spaziergang in der Stadt

Von Mal zu Mal

ab 4 Jahren

❍ **Kein Material**

Auch dieses Spiel ist dann zu empfehlen, wenn Kinder auf einem Spaziergang anfangen zu quengeln und nicht mehr weiterlaufen wollen. Für Kinder ist dann selbst die kürzeste Strecke noch zu weit. Deshalb ist es sinnvoll, Strecken abzukürzen, indem man sagt:

Wie viele Schritte?

ab 8 Jahren

❍ **Kein Material**

Die Spaziergänger machen einen kurzen Stopp und suchen sich einen Gegenstand aus, der in Wegrichtung liegt. Danach gibt jeder eine Schätzung ab, wie viele Schritte dieser Gegenstand, zum Beispiel eine Fußgängerampel, wohl entfernt ist.
Die Strecke wird abgelaufen und die Schritte werden dabei laut gezählt.

Wer liegt mit seiner Schätzung am nächsten?

Wer das Objekt als Erstes sieht, rennt darauf zu und schlägt an. Achtung: Die Strecken so kurz halten, dass sie übersichtlich sind und die Kinder nicht durch plötzlich auftauchende Radfahrer usw. gefährdet werden, wenn sie blindlings losrennen. Bäume, bunte Briefkästen, Parkuhren ... die Kinder werden überrascht sein, wie schnell sie zu Hause sind.

ABC in der Stadt

ab 6 Jahren

❍ **Kein Material**

Städte sind voller Schilder, Werbeplakate, Autokennzeichen usw.

Auf einem Spaziergang durch die Straßen kann man sehr gut Folgendes spielen: Man sucht zu jedem Buchstaben des Alphabets ein Wort auf Schildern usw., das mit dem entsprechenden Buchstaben beginnt. Vor allem für Schulanfänger ist es besonders aufregend, Buchstaben in Schildern wiederzuentdecken.

Zum Beispiel:

A wird gesucht und gefunden in der Arabellastraße.

B wird gesucht und gefunden in der „Bäckerei Bolte".

Spaziergang in der Stadt

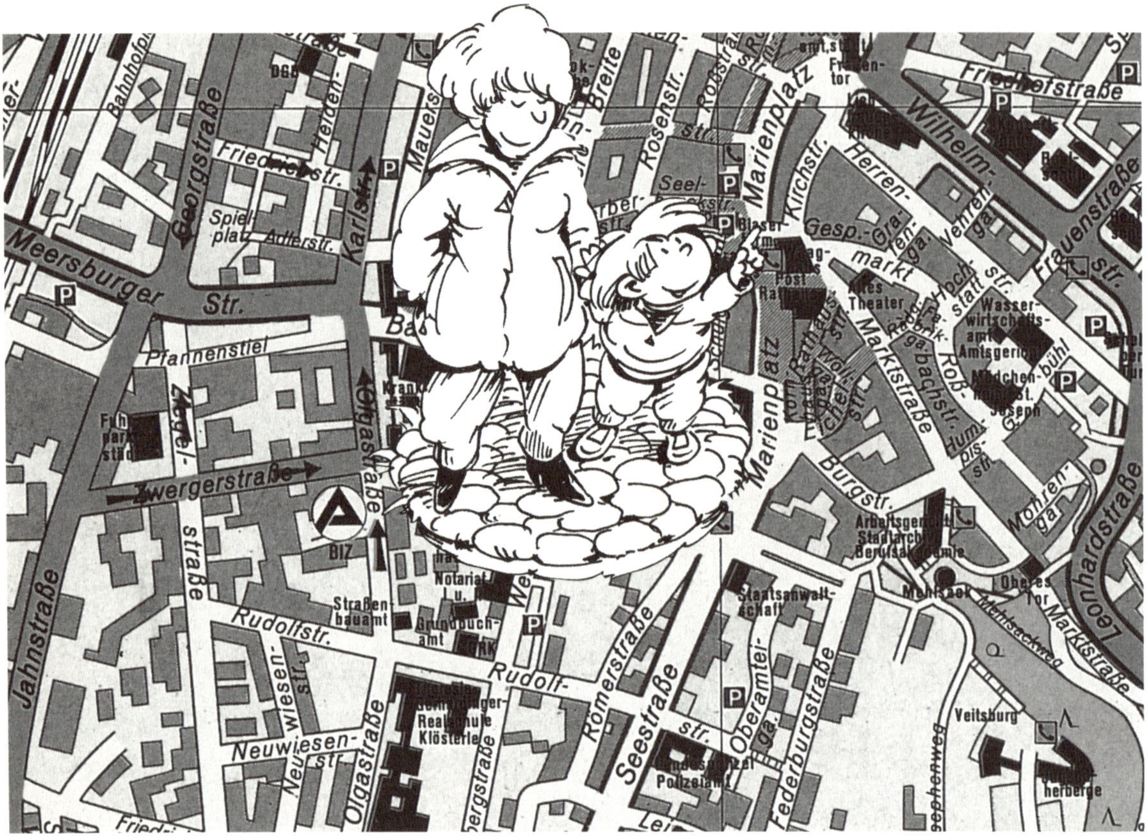

Stadtführer

ab 5 Jahren

❍ **Kein Material**

Dieses Spiel zeigt Ihnen ganz nebenbei, wie gut sich Ihr Kind in der Stadt schon auskennt und ob es sich im Straßenverkehr richtig verhält. Beim nächsten Stadtbummel ist nämlich das Kind der Führer, dem Sie folgen müssen.
Bitten Sie das Kind, es zu einem bestimmten Ort zu führen: Marktplatz, Schule, Rathaus, Kirche usw. Das Kind gibt die Kommandos: links in die Gasse, rechts über die Straße ... Vielleicht zeigt es Ihnen auf diese Weise seine Lieblingsplätze in der Stadt. Lassen Sie das Kind gewähren und nehmen Sie Umwege in Kauf.

Touristenführer

ab 8 Jahren

❍ **Kein Material**

Dieses Spiel ist gewissermaßen eine Variante des vorigen Spiels.

Sie spielen Tourist und das Kind ist der Stadtführer. Lassen Sie sich von dem Kind schöne Plätze, Details an Gebäuden und die Sehenswürdigkeiten der Stadt zeigen. Das Kind darf dabei alles Interessante und Wissenswerte über diese Dinge erzählen.

Straßen-mathematik

ab 7 Jahren

❍ **Kein Material**

Während man die Straßen entlangspaziert, kann man sich mit Hilfe von Hausnummern vergnüglich mit etwas Mathematik beschäftigen. Dabei werden von zwei- oder mehrstelligen Hausnummern die Quersummen gebildet.
Bei zwei Spielern nimmt jeder die Nummern einer Straßenseite, bildet die Quersumme und addiert diese auf. Am Ende der Straße wird abgerechnet: Welche Zahl ist höher?

Windiges Giraffenhochhaus

ab 6 Jahren

❍ **Kein Material**

Bei einem Spaziergang durch die Stadt kommt man an vielen besonderen Gebäuden vorbei. Ein Hochhaus, die Stadtbibliothek, das Rathaus usw.
Es ist an der Zeit, all diesen Gebäuden einen Namen zu geben. An wen oder was erinnert dieses Haus?

An Tante Annas alte Standuhr? Das Hochhaus an eine Giraffe? Vielleicht hat ein Gebäude bereits einen Namen. Es wäre doch interessant herauszufinden, wer die Person war oder warum das Haus gerade diesen Namen erhalten hat.

Farben zählen

ab 4 Jahren

❍ **Kein Material**

Bei einem Spaziergang gibt es viel zu entdecken. Zum Beispiel alles, was grün ist: Aufkleber am Auto, Werbeplakate, Schaufensterauslagen usw. Wer es etwas schwieriger machen will, kann die Auswahl einschränken, zum Beispiel alles was grün und kleiner als ein Finger ist.

Woher weht der Wind?

ab 3 Jahren

○ **Gras**

Auf einem Spaziergang ist es interessant festzustellen, woher der Wind weht. Lassen Sie das Kind zuerst Vermutungen anstellen, bevor Sie den Test machen.
Dazu einfach Grashalme in die Luft werfen, und schon ist die Windrichtung klar, oder doch nicht? Dann einfach noch mal und noch mal, solange es Spaß macht.

Blätter sammeln

ab 3 Jahren

○ **Blätter**

Blätter sammeln sollte man natürlich am besten im Herbst, weil da die Blätter am Boden liegen.

Ermuntern Sie das Kind, möglichst viele verschiedene Blätter zu sammeln. Zu Hause kann man die Blätter dann pressen und schöne Bilder daraus kleben.

Wenn das Kind schon etwas älter ist, hat es vielleicht Lust, sich ein kleines „Naturkundemuseum“ einzurichten. Die Blätter kommen in einen Rahmen und werden an die Wand gehängt. Oder das Kind hat Lust auf ein Ratespiel (siehe Blätterraten).

Blätterraten

ab 6 Jahren

- ❍ **Gesammelte Blätter**
- ❍ **Karton**
- ❍ **Augenbinde**

Es werden die unterschiedlichsten Blätter gesammelt und diese in einen kleinen Karton gelegt. Und nun wird gespielt. Ein Spieler bekommt eine Augenbinde und greift sich aus dem Karton ein Blatt nach dem anderen. Hat er ein Blatt richtig erkannt, bekommt er einen Pluspunkt. Danach ist der Gegenspieler an der Reihe. Zum Schluss werden die Punkte verglichen.

Blütenkranz und Blätterkrone

ab 4 Jahren

- Gänseblümchen
- Blätter
- Tannennadeln

... und weiter wie Abbildung 1!

Gänseblümchen wachsen an jedem Wegrand und auf jeder Wiese. Sich einen Blütenkranz daraus zu binden, ist nicht schwer.

Wer keine Blüten im Haar mag, kann sich auch eine Blätterkrone zusammenstecken.

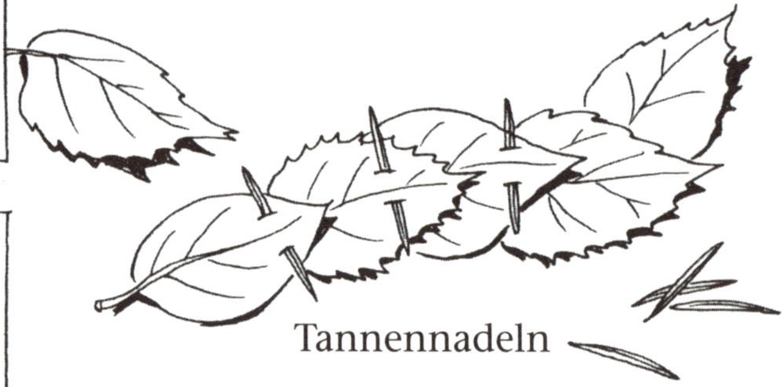

Die Blumen und Blätter können unterwegs gesammelt und bei einer kleinen Rast gewunden werden.

Steine sammeln

ab 3 Jahren

- Steine
- Tasche

Viele Kinder sind von Steinen fasziniert und nutzen jede Gelegenheit, diese zu sammeln. Glatte Steine, glitzernde Steine, Steine mit grotesken Ausbuchtungen. Doch was anfangen mit der Steinesammlung? Wer Lust hat, schaut auf Seite 44 nach und findet dort einen interessanten Versuch mit Steinen.

Figuren bauen

ab 4 Jahren

- Fundgegenstände

Beim nächsten Spaziergang sollte einiges gesammelt werden, zum Beispiel Blätter, Früchte, Stöckchen usw. Ist genügend Material zusammen, ist meist auch Zeit für eine kleine Rast am Wegesrand.
Nun beginnt ein Spieler zum Beispiel ein Blatt zu legen. Der nächste Spieler ergänzt es vielleicht mit einem Stöckchen. So geht es weiter, bis eine Figur entsteht.
Das Spiel kann auch variiert werden, indem ein Spieler eine Figur legt und der Mitspieler möglichst rasch herausfindet, welche Figur da gelegt wird.

Mühle am Wegrand

ab 6 Jahren

- ❍ **Stöckchen**
- ❍ **3 dunkle und 3 helle Steine**

Bei einer kleinen Rast am Wegrand kann man dieses Spiel spielen. In die Erde wird mit dem Stöckchen ein Quadrat gezeichnet und dieses in neun Felder aufgeteilt. Jeder Spieler bekommt drei Steine, entweder die hellen oder die dunklen. Jetzt darf jeder Spieler abwechselnd einen Stein setzen mit dem Ziel, eine Mühle zu bekommen, das heißt also, drei gleiche Steine liegen entweder waagrecht, senkrecht oder diagonal nebeneinander. Der Gegenspieler muss natürlich versuchen, dies zu verhindern. Sind alle drei Steine gesetzt, wird ein bereits gesetzter Stein umgelegt. Wer zuerst seine Mühle zu Stande gebracht hat, hat gewonnen.

Spurensuche

ab 4 Jahren

- ❍ **Kein Material**

Bei diesem Spiel braucht man frisch gefallenen Schnee und möglichst zwei Erwachsene. Ein Erwachsener legt seine Spuren im Schnee, während das Kind und der zweite Erwachsene zurückbleiben. Nach fünf Minuten wird der Spur gefolgt.

Dabei sollte versucht werden, in die Fußstapfen des Vorgängers zu treten. Dieser hat eine möglichst witzige Route gewählt, ist dabei vielleicht auch einmal rückwärts in die eigenen Fußstapfen getreten, um sich hinter Bäumen oder Büschen zu verstecken. Stehen die Verfolger dann ratlos vor der Spur, die ins Leere zu gehen scheint, kann der Spurenleger mit Indianergeheul aus seinem Versteck hervorkommen.

Flaschenpost

ab 6 Jahren

- ❍ **Flasche mit Korken**
- ❍ **Botschaft**
- ❍ **Fähnchen**

Auf einen Zettel wird eine Botschaft geschrieben. Vielleicht auch die Adresse mit der Bitte um Antwort. Der Zettel kommt in eine Flasche und diese wird gut verkorkt. Damit die Flasche auch als Flaschenpost erkannt wird und nicht als Müll im Wasser liegen bleibt, kann man in den Korken ein kleines Fähnchen mit der Aufschrift „Flaschenpost“ stecken. Dann ab ins Wasser und: Gute Reise!

Lebender Fotoapparat

ab 6 Jahren

❍ **Kein Material**

Eine Person ist der Fotograf, der die Umgebung nach besonders interessanten Motiven absucht, und eine Person ist der lebende Fotoapparat, der die Augen fest zumacht. Klar, dass der Fotograf seinen lebenden Fotoapparat behutsam mit sich führt und dabei seine Fotografenaugen schweifen lässt. Hat er ein Motiv gefunden, zum Beispiel eine wunderschöne leuchtend rote Blume, eine Spinne in ihrem Netz, ein dicker Pilz im Moos, dann wird der Fotoapparat in Position gebracht. Dazu muss er vielleicht in die Knie gehen und das Gesicht zum Motiv gewendet werden. Stimmt die Position, macht der Fotograf „Klick“ und der „Fotoapparat“ öffnet für zehn Sekunden die Augen und schaut sich das Motiv sehr genau an. Es ist immer wieder spannend, was für ein Motiv sich der Fotograf ausgesucht hat und sich Dinge, an denen man sonst gedankenlos vorbei geht, ganz intensiv zu betrachten.

Stockwettkampf

ab 6 Jahren

○ Stock

Ein völlig ungefährlicher Wettkampf entscheidet schnell über Sieg oder Niederlage.
Ein Stock, den man am Wegrand findet – bitte keinen von Bäumen oder Büschen abreißen –, wird von einem Mitspieler so in die Luft geworfen, dass ihn sein Gegenspieler mit einer Hand auffangen kann. Jetzt beginnt der Wettkampf.
Der Werfer greift mit seiner Hand direkt neben die Hand des Fängers, dieser wiederum legt seine Hand ebenfalls direkt daneben. Dies geschieht so lange abwechselnd, bis der Stock nicht mehr zu greifen ist. Wer als Letzter das Ende des Stockes erwischt, hat gewonnen.

Spiele für drinnen

Salzsäule

ab 6 Jahren

- Radio

Ein Spieler steht am Radio oder Kassettenrekorder und lässt schwungvolle Musik laufen, zu der die anderen Mitspieler wild tanzen. Die Musik wird abrupt abgeschaltet, und die Spieler müssen in ihrer momentanen Position verharren, und zwar so lange, bis die Musik wieder eingeschaltet wird.

Singende Löffel

ab 4 Jahren

- 4 Löffel
- Faden

Zwei Löffel werden jeweils an zwei Fäden gebunden. Die Enden der Fäden wickelt man sich je um einen Zeigefinger und steckt sich diese fest in die Ohren. Wen man jetzt den Kopf etwas bewegt, schlagen die

Löffel aneinander und der Klang wird über den Faden zu den Ohren geleitet. Was für ein himmlisches Löffelkonzert!

Schlafender Polizist

ab 4 Jahren

- Schatz (Süßigkeiten, Spielfigur o. ä.)

Ein Spieler sitzt mit geschlossenen Augen vor dem Schatz und bewacht diesen. Der Mitspieler schleicht sich auf Zehenspitzen heran und versucht, den Schatz unbemerkt zu stehlen. Klar, dass das völlig lautlos geschehen muss, denn beim geringsten Geräusch darf der Polizist die Augen öffnen und nach dem Dieb schauen. Erstarrt dieser nicht augenblicklich zur Salzsäule, wird er an seine Ausgangsposition zurückgeschickt und muss erneut sein Glück versuchen.

Glasmusik

ab 5 Jahren

- ❍ **Gläser, gefüllt mit Wasser**
- ❍ **Kochlöffel**

Gläser, die man bis zum Rand mit Wasser füllt, fangen geheimnisvoll an zu singen, wenn man mit dem angefeuchteten Zeigefinger den Rand entlangfährt.

Übrigens, je dünner der Glasrand, umso schöner der „Gesang“.

Wenn schon Gläser mit Wasser auf dem Tisch sind, dann kann man gleich noch folgenden Versuch anschließen. Die Gläser unterschiedlich mit Wasser füllen und mit einem Kochlöffel anschlagen. Je nach Wasserhöhe erklingt ein anderer Ton. Wer schafft es „Alle meine Entchen“ zu spielen?

Rubbelbilder

ab 5 Jahren

- ❍ **Papier und Bleistift**

Immer wieder interessant sind Rubbelbilder. Das Papier wird auf eine raue Fläche gelegt und mit dem Blei-

stift darüber gerubbelt. Die Struktur schlägt durch und es ergeben sich erstaunliche Bilder. Das Kind sucht sich verschiedene Flächen, rubbelt sie durch, und der Mitspieler darf raten, um was es sich handelt.

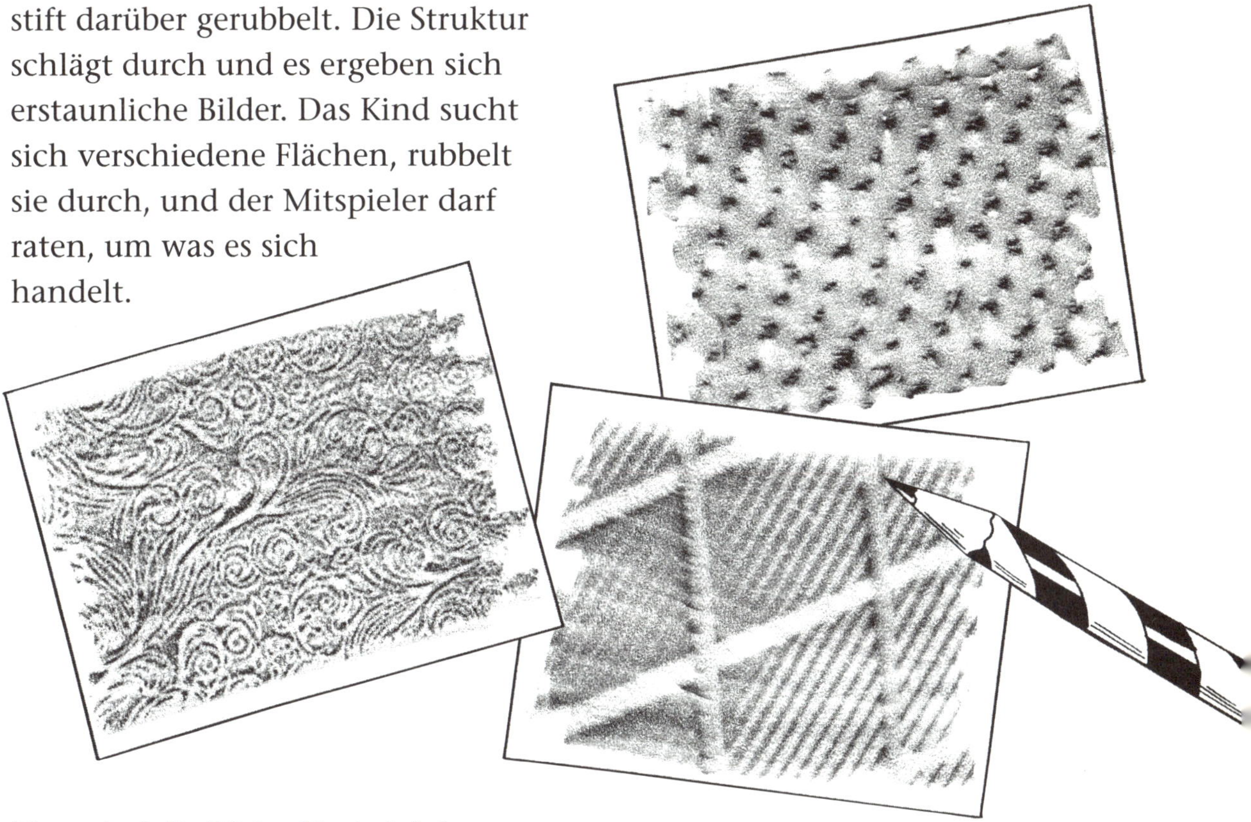

Tipp: Auf die Weise lässt sich hervorragend Spielgeld aus Münzen herstellen.

Nicht den Faden verlieren!

ab 6 Jahren

❍ **Bindfaden**

Ein Stück Bindfaden wird zwischen Oberlippe und Nase geklemmt. Wer kann komplizierte Wörter aussprechen, ohne den Faden zu verlieren?

Farbenrennen

ab 6 Jahren

- ❍ Filterpapier
- ❍ Grüner Filzstift
- ❍ Roter Filzstift
- ❍ Untertasse mit Wasser
- ❍ Schere

Aus dem Filterpapier einen Streifen schneiden und einen grünen und einen roten Punkt aufmalen. Das Ende in das Wasser geben und warten, bis sich das Papier vollgesogen hat.
Es werden noch Wetten angenommen. Welche Farbe ist schneller? Sobald das Wasser die Farbpunkte erreicht hat, beginnen die Farben zu „laufen".

Hüpfende Münze

ab 5 Jahren

- ❍ Flasche
- ❍ Vaseline
- ❍ Münze
- ❍ Wassergefäß

Eine kleine Flasche wird für fünf Minuten in das Tiefkühlfach gelegt und der Rand anschließend mit einer fetthaltigen Creme (Vaseline) eingerieben.

Nun wird die Münze auf den Rand gelegt und die Flasche in heißes Wasser gestellt. Sobald sich die Luft in der Flasche erwärmt, dehnt sie sich aus, und schwupp – springt die Münze in die Höhe. Das Ganze kann man natürlich mit viel Abrakadabra als Zaubertrick verkaufen.

Balance

ab 6 Jahren

- **Verschiedene Gegenstände wie Bücher, Schuhschachteln, Behälter, Ball usw.**

Wer schafft es, bis zum Regal ein Buch auf dem Kopf zu balancieren? Kein Problem? Na gut, wie wäre es dann mit einem Buch auf dem Kopf, einem Blatt Papier auf der einen Hand und einem Ball auf der anderen?
Wer Lust hat, kann sich auch auf den Rücken legen und sich verschiedene Gegenstände auf die Fußsohlen legen lassen und vielleicht ein bisschen damit Rad fahren. Es gibt unzählige Möglichkeiten, sein Geschick als Balancemeister zu beweisen.

Alte Klatschbasen

ab 6 Jahren

- 2 alte Tennisbälle
- Messer
- Filzstift

Die beiden Tennisbälle werden mit einem Messer so aufgeschnitten, dass ein großes Mundwerk entsteht. Das sollten die Kinder auf keinen Fall allein machen. Mit einem Filzstift noch Augen malen und dann kann der Kaffeeklatsch losgehen.

Man darf gespannt sein, was sich die Klatschbasen so alles erzählen, wenn man ihnen seitlich in die Wangen kneift.

Punktebilder

ab 6 Jahren

- Buntstifte
- Papier
- Nadel
- Unterlage

Dieses Spiel ist umso lustiger, je mehr Spieler mitspielen. Pro Spieler braucht man ein Blatt Papier. Die Blätter werden übereinander auf eine weiche Unterlage gelegt.

Mit einer Nadel wird nun wahllos zehn- bis zwanzigmal durch alle Blätter gestochen. Jeder Mitspieler bekommt dann sein Blatt, aber alle haben dasselbe Punktemuster. Die Aufgabe lautet: Ein Bild zu malen und dabei die Punkte zu verbinden. Natürlich kann das Bild dann noch beliebig ausgeschmückt werden. Zum Schluss werden alle Bilder miteinander verglichen. Erstaunlich, wie viele unterschiedliche Bilder bei gleicher Ausgangssituation herauskommen.

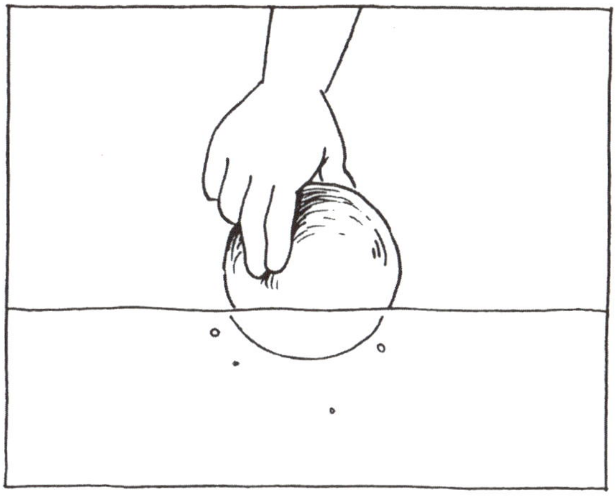

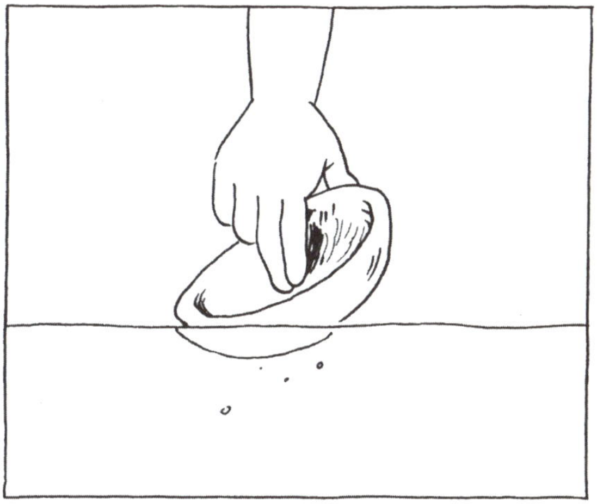

Schwimmt es oder sinkt es?

ab 6 Jahren

- Knete
- Wasserschüssel (evtl. durchsichtig)

Knete wird zu einer Kugel geformt und mit der Frage „Schwimmt es oder sinkt es?“ ein kleiner Versuch eingeleitet. Nein, die Kugel schwimmt natürlich nicht, sondern sinkt in der Wasserschüssel sofort auf den Grund. Aber was ist, wenn man die Kugel etwas umformt und ein kleines Boot daraus knetet? Da kann man schon ins Grübeln kommen ... Je nach Alter kann den Kindern die Sache mit dem Wasserauftrieb erklärt werden.

Der Versuch des Archimedes

ab 6 Jahren

- Steine
- Durchsichtiger Plastikbehälter
- Filzstift

Archimedes bewies König Hero, dass seine Krone nicht aus purem Gold war. Er wusste, dass die im Wasser versenkte Krone mehr Flüssigkeit hätte verdrängen müssen.

Diesen Versuch kann man auch mit Steinen machen. Zwei ungefähr gleich große und gleich schwere Steine werden gemessen. Zuvor darf das Kind raten: Welcher Stein ist größer? Ein direkter Vergleich ist unmöglich, da die Steine unterschiedlich geformt sind. Zuerst wird der vermutlich kleinere Stein im Wasser

versenkt, und das Wasser steigt. Mit Filzstift wird der neue Wasserstand am Rand markiert. Der Stein wird herausgenommen und der zweite Stein hineingegeben. Steigt das Wasser höher, so ist er größer und die Wette gewonnen!

Sekundenrennen

ab 8 Jahren

- Uhr mit Sekundenzeiger

Bei diesem Spiel geht es wirklich um Sekunden. Wer schafft es, eine bestimmte Strecke in einer vorgegebenen Zeit zurückzulegen?

Das Kunststück dabei ist nicht die Schnelligkeit, sondern eine genaue Zeiteinschätzung. Man braucht ein sehr gutes Zeitgefühl, um den Weg von einer Zimmerwand zur gegenüberliegenden in genau 60 Sekunden zurückzulegen, ohne anzuhalten oder rückwärts zu gehen. Natürlich dürfen leise die Sekunden mitgezählt werden.
Wer glaubt, dass die 60 Sekunden vorbei sind, schlägt an der Wand an, und der Mitspieler kontrolliert auf der Uhr, wie viel Zeit tatsächlich vergangen ist. Wer den 60 Sekunden am nächsten ist, hat gewonnen.

Hoch – runter

ab 6 Jahren

- Geldstück
- Tisch

Für dieses Spiel braucht man mindestens vier Mitspieler. Drei Spieler setzen sich in eine Reihe an einen Tisch, ein Spieler sitzt gegenüber. Die drei Spieler lassen nun unter dem Tisch ein Geldstück von Hand zu Hand wandern.
Auf das Kommando des Gegenspielers „Hoch“ strecken diese die Hände zu Fäusten geballt in die Höhe. Das Geldstück ist unsichtbar in einer Faust versteckt. Jetzt kommt das Kommando „Runter“ und alle knallen mit der flachen Hand auf den Tisch. Da heißt es Ohren spitzen für unseren Spieler, um herauszuhören, in welcher Hand sich das Geldstück befindet. Hat er richtig getippt, tauschen die Spieler die Rollen.
Und hat er daneben geraten, heißt es: nächster Versuch!

Die Roboter sind los

ab 6 Jahren

- Kein Material

Es gibt zwei oder mehr wild gewordene Roboter und einen bedauernswerten Besitzer derselben. Die Roboter sind immer in Bewegung und marschieren eigenmächtig durch die Gegend.

Das Problem ist nur, sobald sie gegen eine Wand laufen, ist die Mechanik kaputt. Das muss verhindert werden. Das heißt, der Besitzer des Roboters muss diesen, bevor er gegen die Wände läuft,

umdrehen und in eine andere Richtung schicken. Ganz schön anstrengend für den Besitzer. Aber die Roboter können ihm wenigstens etwas helfen, indem sie den Besitzer kurz vor dem „Auflaufen“ warnen und Signale senden (piepen oder ruckartig gestikulieren).

Bevor der Besitzer erschöpft zusammenbricht, sollten die Rollen getauscht werden.

Schnapp

ab 8 Jahren

- ❍ **Streichholzschachtel**

Bei diesem einfachen Reaktionsspiel wird eine Streichholzschachtel über die ausgestreckten Hände des Mitspielers gehalten, der seine Hände ungefähr 20 cm auseinander hält. Nach einer gewissen Zeit, in der sich Spannung aufgebaut hat, lässt der Halter die Streichholzschachtel ohne Vorwarnung los. Der Mitspieler muss diese auffangen, bevor sie auf den Boden gefallen ist.

Zeitungsschlange

ab 6 Jahren

- ❍ **2 Doppelseiten einer Zeitung**
- ❍ **Küchenwecker**

Bei diesem Spiel kommt es neben Schnelligkeit auch auf die Geschicklichkeit an. Jeder Spieler bekommt eine Doppelseite einer Zeitung. Auf das Kommando „Achtung – fertig – los“ läuft die Zeit zwei Minuten und jeder Spieler versucht, aus der Zeitung eine möglichst lange Schlange herauszureißen. Es darf eine eckige oder runde Schlange sein, ganz egal, nur abreißen darf sie nicht. Ist die Zeit abgelaufen, wird verglichen. Wer hat die längste Schlange?

Rettet die Luftballons

ab 5 Jahren

- 3 oder mehr Luftballons

Die Luftballons werden aufgeblasen und in die Luft geworfen. Dort bleiben sie allerdings, wie jeder weiß, nicht allzu lange. Zu dumm nur, dass ein Luftballon, sobald er den Fußboden berührt, „in ewiges Verderben“ gerät.

Es gilt also, um jeden Preis die Luftballons zu retten und zu verhindern, dass sie den Fußboden berühren. Ein leichter Schlag und sie steigen wieder nach oben und sind vor dem Verderben sicher, für ein paar Sekunden …

Glas unter Wasser

ab 4 Jahren

- ❍ durchsichtiges Glas
- ❍ Papier

Während das Kind in der Badewanne sitzt, kann man folgenden kleinen Versuch machen: Ein Stück Papier wird zusammengeknüllt und fest in ein Glas gestopft. Das Glas wird umgekehrt ins Wasser getaucht. Was geschieht mit dem Papier? Warum wird es nicht nass? Beim nächsten Versuch kann das Glas gekippt werden. Was geschieht jetzt?

Sascha sagt …

ab 5 Jahren

- ❍ Kein Material

Ein Spieler beginnt, indem er Kommandos gibt, die die anderen Spieler ausführen müssen, aber nur, wenn die Aufforderung mit „Sascha sagt“ beginnt. Zum Beispiel: „Sascha sagt, fass dein Haar an“, „Sascha sagt, geh in die Knie.“ Nichts tun darf man dagegen, wenn das Kommando nur lautet: „Fass deine Nase an.“ Wer es trotzdem nicht lassen kann und den Befehl ausführt, scheidet aus; bei zwei Spielern gibt es einen Rollentausch.

Wir müssen warten

Schleifen binden

ab 5 Jahren

❍ **Schuhe mit Schnürsenkeln oder Pappstück mit Schnürsenkeln**

Eine unfreiwillige Wartezeit kann genutzt werden, um einmal in aller Ruhe das Schleifenbinden zu üben.

Knoten üben

ab 7 Jahren

❍ **Schnur**

Für etwas ältere Kinder ist, ähnlich wie bei den Schleifen, eine Wartezeit die ideale Gelegenheit, um ein paar nicht ganz so einfache Knoten zu üben. Zum Beispiel der „Achtknoten“.
Dieser Knoten ist fest, lässt sich aber leicht wieder lösen.

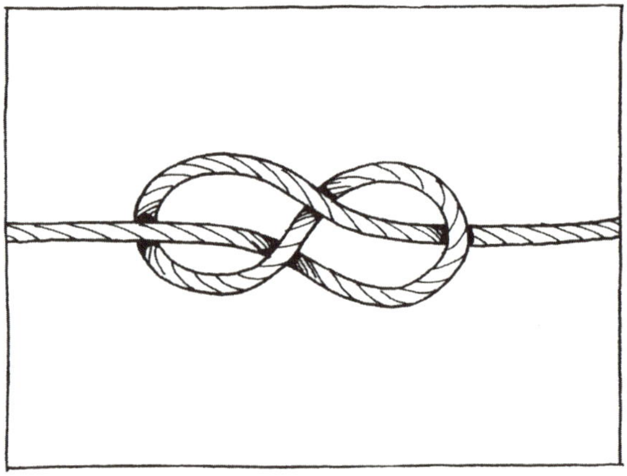

Der nächste Knoten spielt in der Seefahrt eine große Rolle. Er ist besonders praktisch, weil man eine Schlinge erhält, die sich nicht zusammenziehen kann. Er heißt „Einfacher Palstek“.

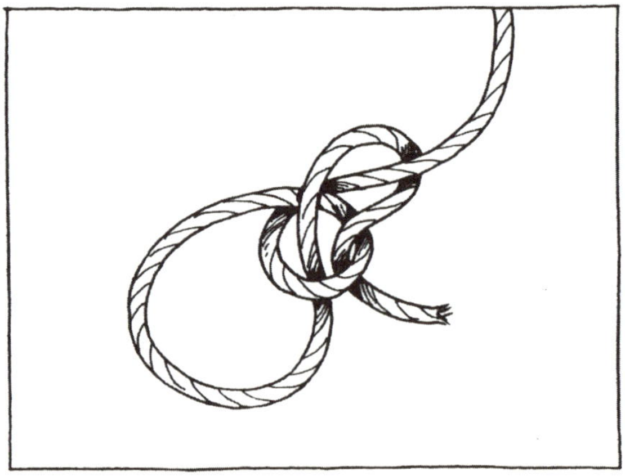

Wer den „Einfachen Palstek“ lernen will, merkt sich am besten diese kleine Geschichte:

1. Lege zuerst einen „See“.

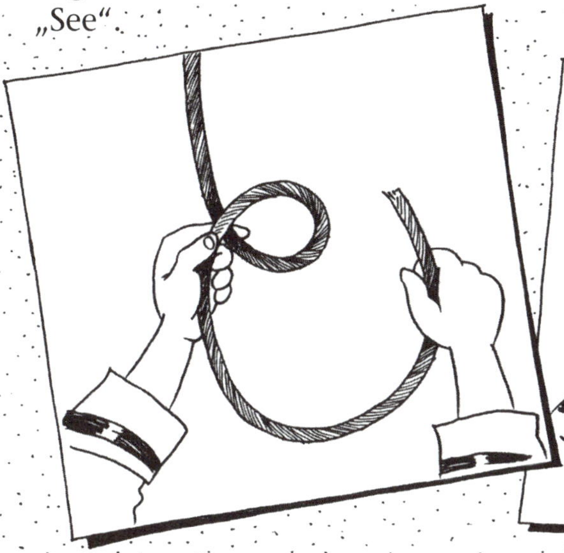

2. Tauche aus dem „See“ auf.

3. Laufe um den „Baum“ herum.

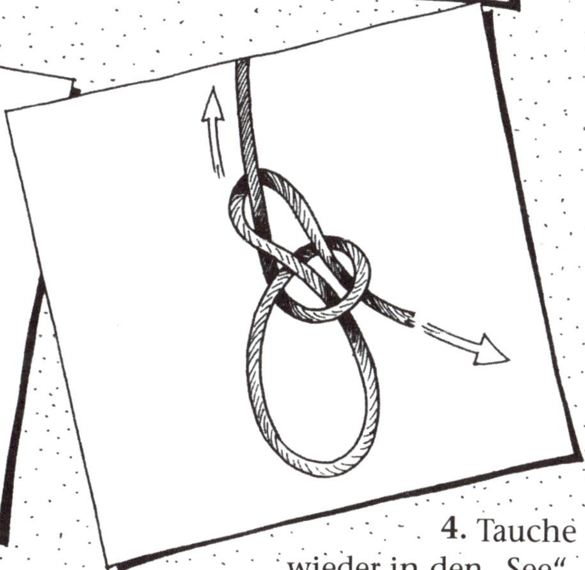

4. Tauche wieder in den „See“.

Stein – Schere – Papier

ab 6 Jahren

❍ Kein Material

Dieses Spiel gibt es in mehreren Varianten, die bekannteste ist diese: Zwei Spieler sitzen sich gegenüber und haben eine Hand zur Faust geschlossen. Auf das Komando „Eins, zwei, drei!“ (mit der Faust dabei mitwippen) formen die Spieler bei „drei!“ eine Figur, nämlich entweder:

Schere ...

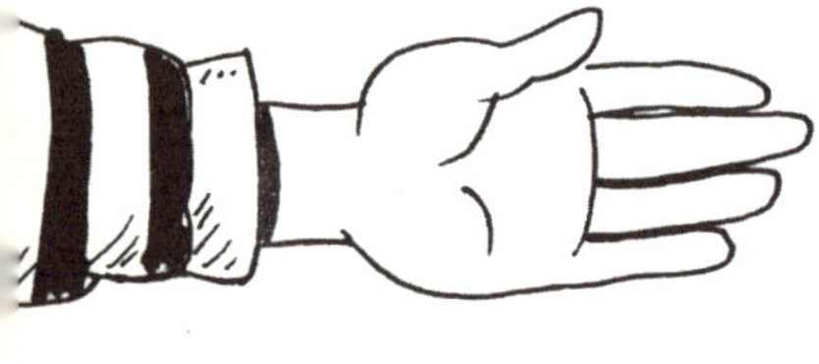

oder Papier ...

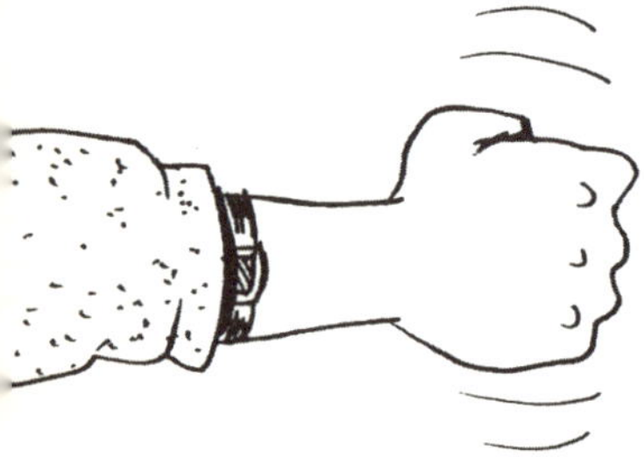

oder Stein.

Schere schlägt Papier, da diese Papier zerschneidet.

Papier schlägt Stein, da dieses den Stein umwickeln kann.

Stein schlägt Schere, da dieser die Schere stumpf macht.

Der Witz bei diesem Spiel ist, dass man sich in den Spielgegner hineinversetzen muss und ihm mit seiner Entscheidung zuvorkommen sollte. Glaubt man, der Gegner zeigt eine Schere, dann muss man selbst natürlich den Stein wählen. Wichtig ist, dass das Spiel sehr schnell gespielt wird.

Aus Alt mach Neu

ab 8 Jahren

- Papier und Bleistift

Aus den Buchstaben eines Wortes lassen sich in fünf Minuten neue Wörter bilden. Wer findet die meisten?
Zum Beispiel Kindergarten: Neider, Danke, Kate, Narr usw.

Kreuz oder Kreis?

ab 6 Jahren

- 1 Blatt Karopapier
- 2 verschiedenfarbige Stifte

Auf einem Blatt kariertem Papier werden zehn mal zehn Kästchen abgegrenzt. Nun darf jeder Spieler im Wechsel mit seinem Stift eine Seitenlinie eines Kästchens nachziehen. Hat er es geschafft, ein Kästchen mit seinem Stift zu schließen, ist es „sein" Kästchen und er darf es mit seinem Zeichen „markieren". Das kann entweder ein Kreuz oder ein Kreis sein. Wer die meisten Zeichen setzen konnte, ist Sieger. Achtung: Die Randkästchen bleiben frei!

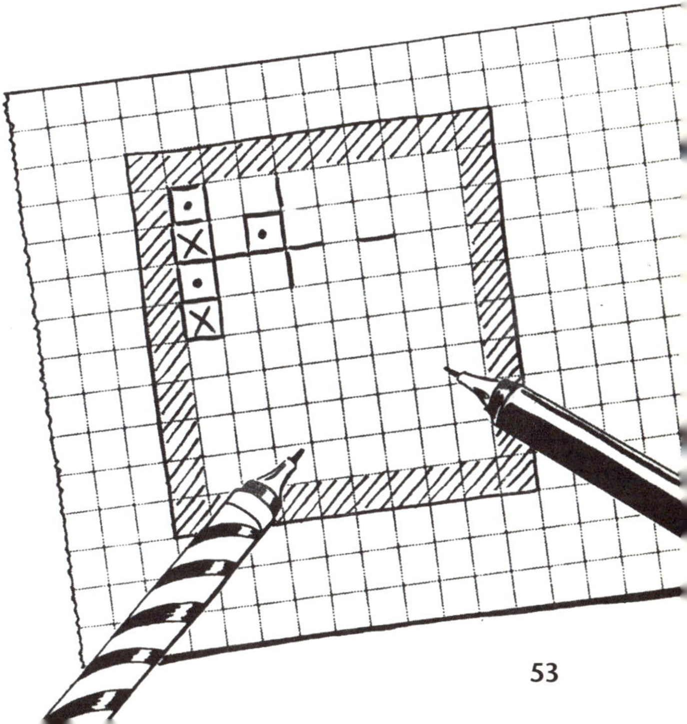

Wir müssen warten

Kästchen füllen

ab 8 Jahren

❍ **Kariertes Papier und Bleistift**

Zwei Spieler malen auf ihr kariertes Papier ein Quadrat mit sechs mal sechs Kästchen. Ein Spieler nennt einen beliebigen Buchstaben. Beide Spieler tragen den Buchstaben in ein beliebiges Kästchen ihres Quadrats ein. Danach nennt der andere Spieler einen Buchstaben und so fort.

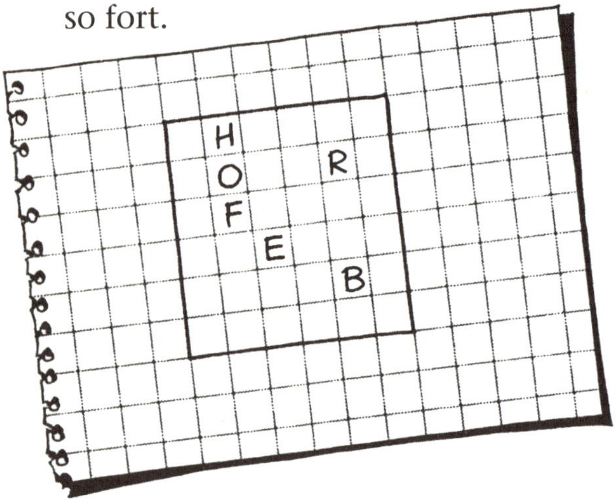

Der Witz bei dem Spiel ist, dass beide Spieler versuchen müssen, die Buchstaben so unterzubringen, dass am Schluss möglichst viele sinnvolle Wörter entstanden sind. Dabei können die Wörter waagerecht, senkrecht oder diagonal gelesen werden.

Wie aus einer Kanne eine Wanze wird

ab 8 Jahren

❍ **Papier und Bleistift**

Bei diesem Spiel werden Wörter umgewandelt, indem pro Durchlauf immer ein Buchstabe verändert wird. Zum Beispiel:

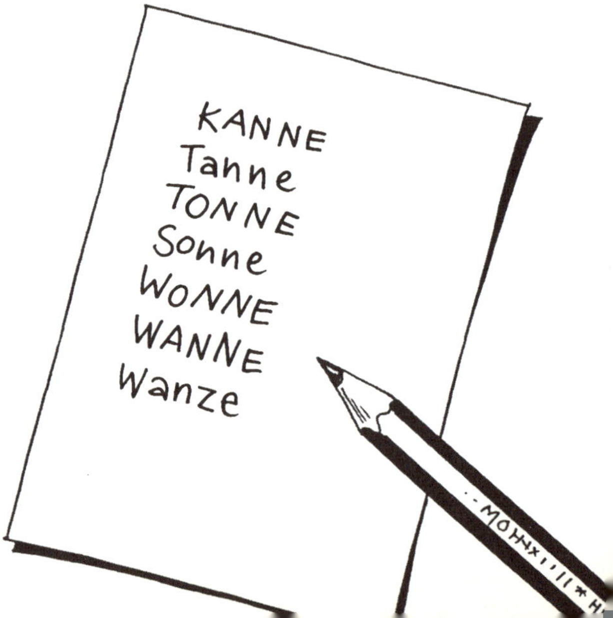

Ausstreichen

ab 8 Jahren

- Papier und Bleistift
- Würfel

Die Spieler würfeln um die Wette. Jede Zahl wird notiert, bis die Zahlenreihe von eins bis sechs komplett steht. Doppelte Würfe werden nicht berücksichtigt. Sobald die Reihe steht, geht es rückwärts. Jede Zahl wird auf dem Papier ausgestrichen. Wer ist als erster fertig?

Zahlen verbinden

ab 7 Jahren

- 1 großes Blatt Papier
- 2 Bleistifte

Auf das Papier werden zwanzig Zahlenpaare willkürlich verteilt. Also zwei Einsen, zwei Zweien usw. Nun versuchen die Spieler abwechselnd, die Zahlenpaare durch einen Strich zu verbinden. Dabei darf aber keine Linie und keine Zahl gekreuzt werden. Wer es schafft, bekommt einen Punkt. Spielen mehrere mit, scheidet derjenige aus, dem es nicht gelingt, ein Zahlenpaar zu verbinden, und gewonnen hat, wer übrig bleibt.

Wir müssen warten

Familie gründen

ab 8 Jahren

❍ **Papier und Bleistift**

Wer gründet in fünf Minuten die größte Wortfamilie? Zum Beispiel mit dem Wort „Uhr“:

Mora

ab 7 Jahren

❍ **Kein Material**

Bei diesem schon sehr alten und überlieferten Spiel geht es darum, eine gewisse „Vorahnung“ zu haben. Beide Spieler strecken eine Faust in die Luft und lassen diese gleichzeitig nach unten sausen.

Dabei strecken sie eine beliebige Anzahl Finger vor. Gleichzeitig geben sie eine Schätzzahl zwischen null und zehn an. Diese Zahl ist eine Vorausschätzung, die anschließend sofort überprüft wird. Ergeben alle Finger zusammen die richtige Schätzzahl? Oder wer ist zumindest am nächsten dran?

Fadenspiel

ab 6 Jahren

○ **1,50 – 2 m langer Wollfaden**

Zwei Spieler bilden abwechselnd mehrere „Figuren" mit einem um die Hände geschlungenen Faden, dessen Enden vorher verknotet wurden.

Ausgangsfigur:
Den Faden so legen, dass er um die Handrücken läuft. Den Faden ein zweites Mal umwickeln (auf dem Handrücken ist der Faden jetzt doppelt). Der rechte Mittelfinger schiebt sich unter den linken Handflächenfaden. Ebenso fährt der linke Mittelfinger unter den rechten Handflächenfaden. Die Hände werden auseinander genommen und die Ausgangsstellung ist erreicht.

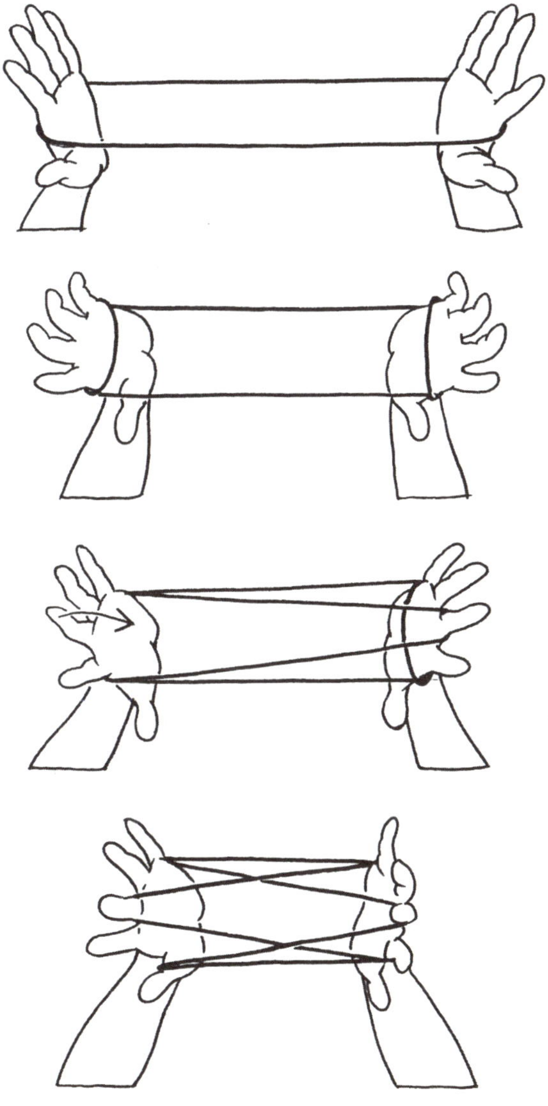

Wir müssen warten

1. Figur:
Mit Daumen und Zeigefinger in die seitlichen Kreuze fassen, etwas nach außen ziehen und diese von unten nach oben herausheben.

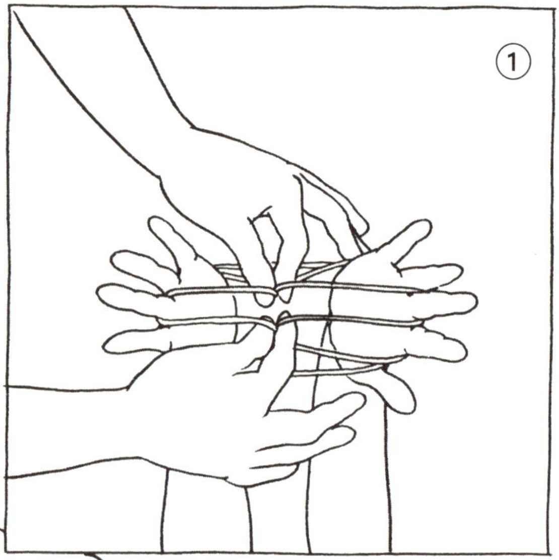

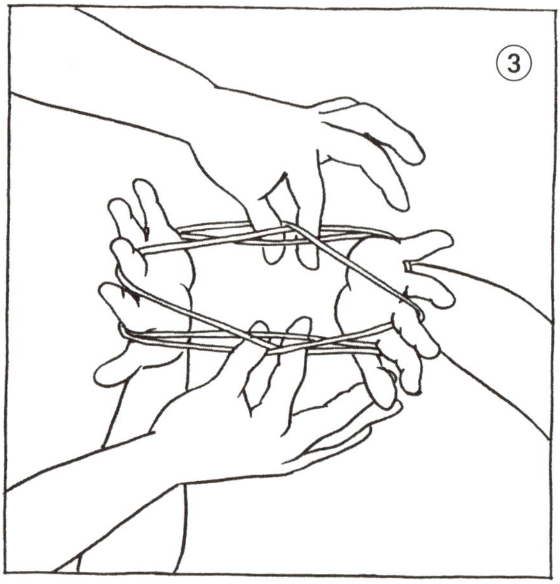

Das Ende der 1. Figur ist die Ausgangsstellung für die 2. Figur.

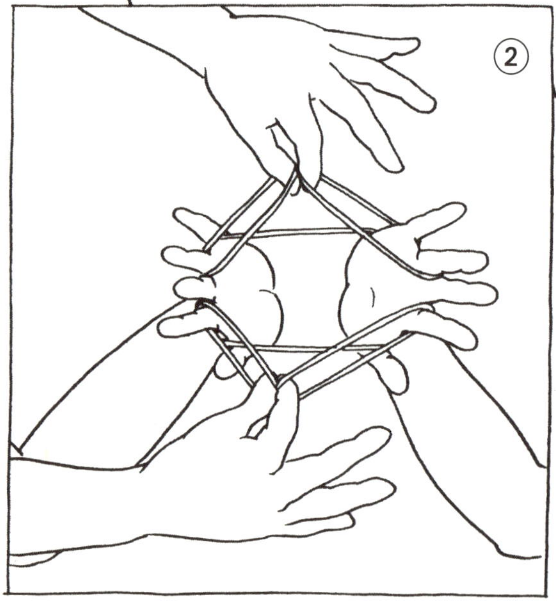

2. Figur:
Mit beiden Händen von oben mit Daumen und Zeigefinger in die Kreuze fassen. Etwas nach oben und gleichzeitig nach außen ziehen. Das Ganze jetzt von unten nach oben herausheben.

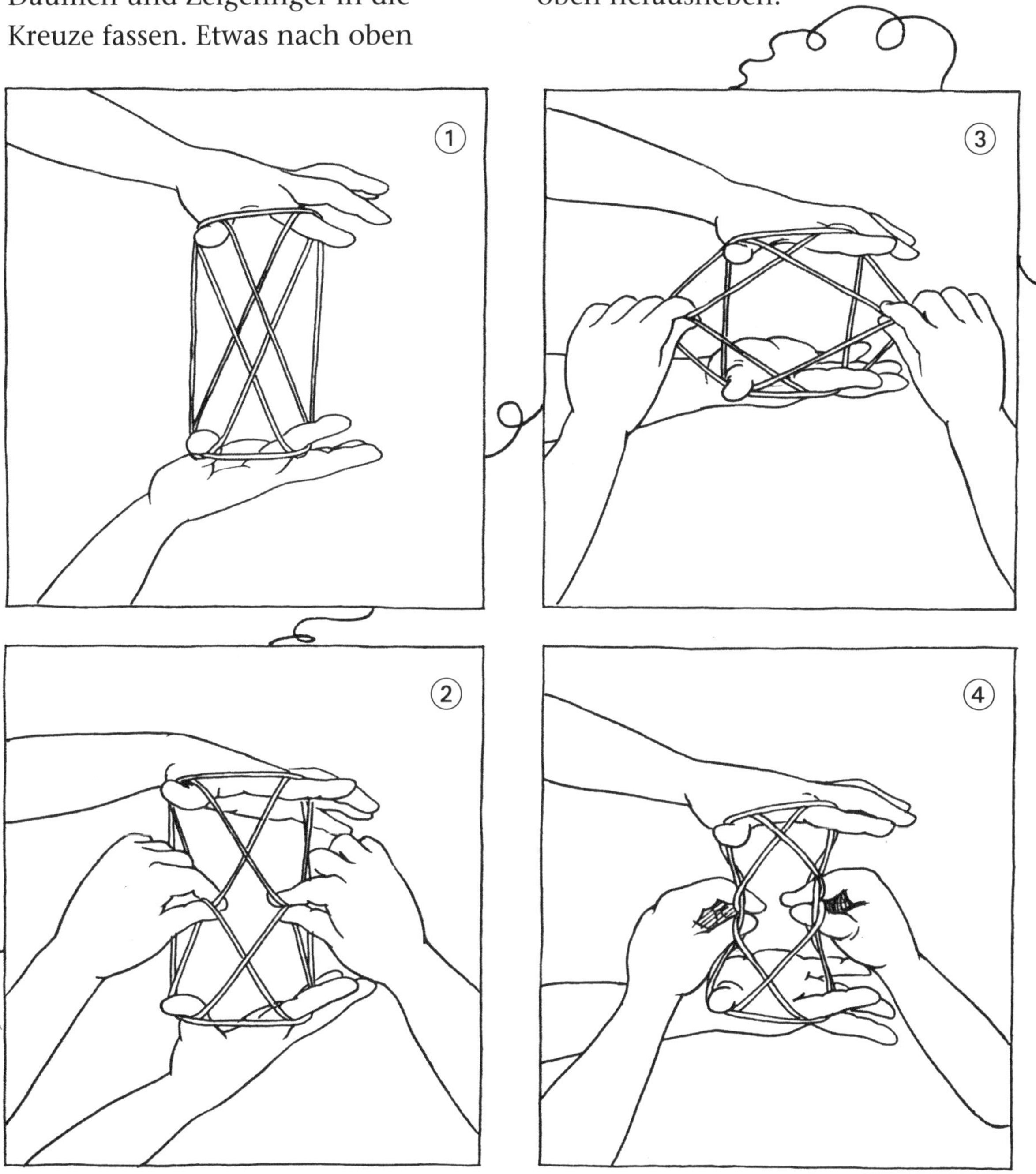

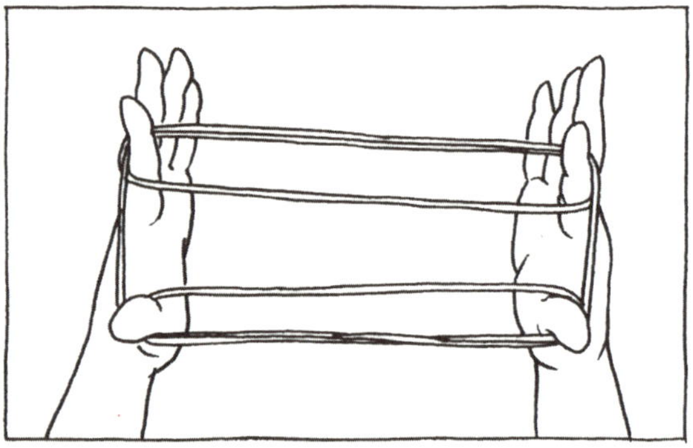

3. Figur:
Mit dem kleinen Finger der rechten Hand den linken Innenfaden nach rechts außen ziehen. Mit dem kleinen Finger der linken Hand den rechten Innenfaden nach links außen ziehen. Halten! Mit Daumen und Zeigefinger die beiden verbliebenen Innenfäden aufnehmen und vorsichtig auseinander ziehen, dabei halten die kleinen Finger ihre Fäden fest.

Auch hier ist wieder das Ende der Figur die Ausgangsstellung für die nächste Figur.

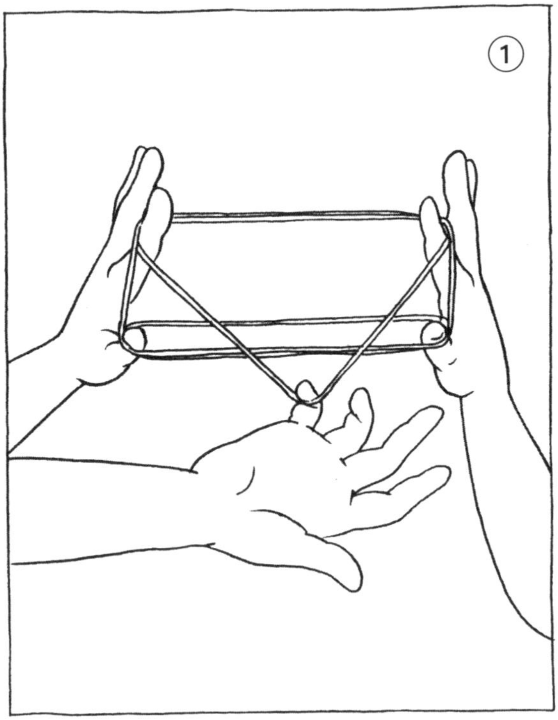
1

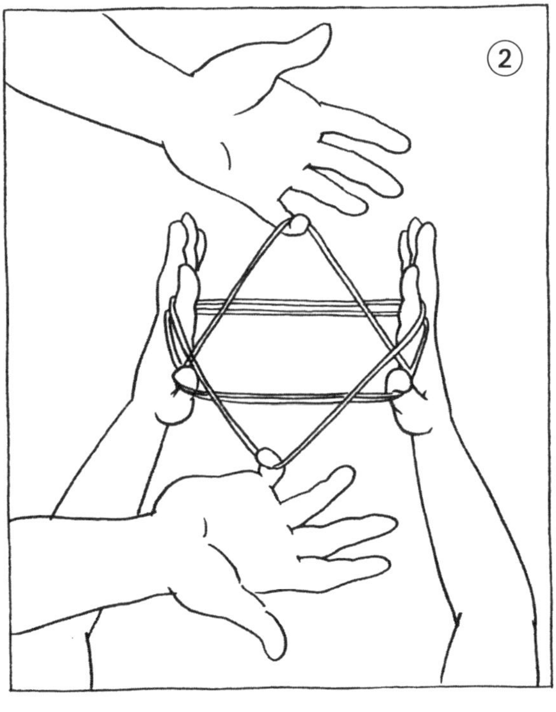
2

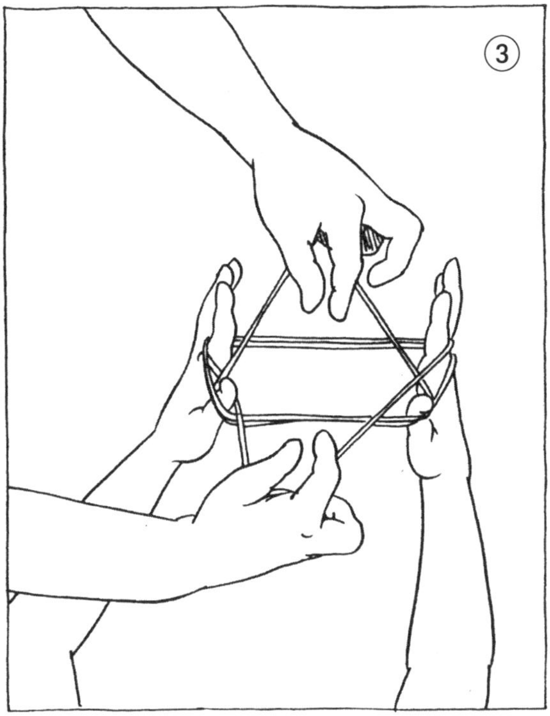
3

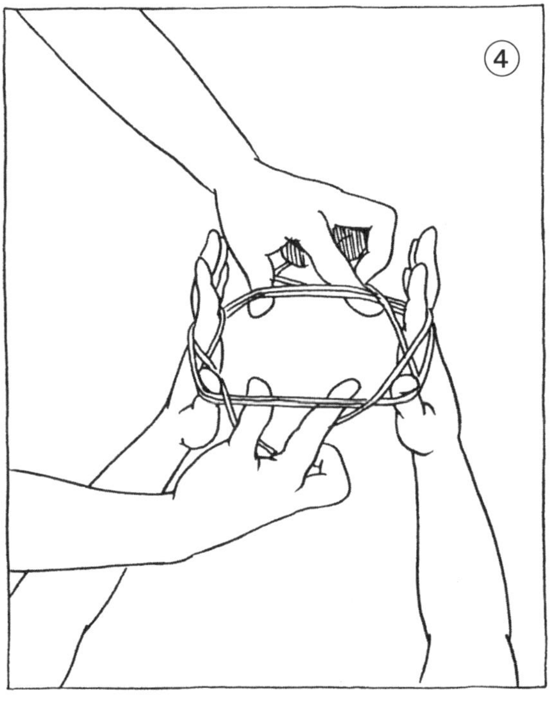
4

So sieht die fertige Figur aus:

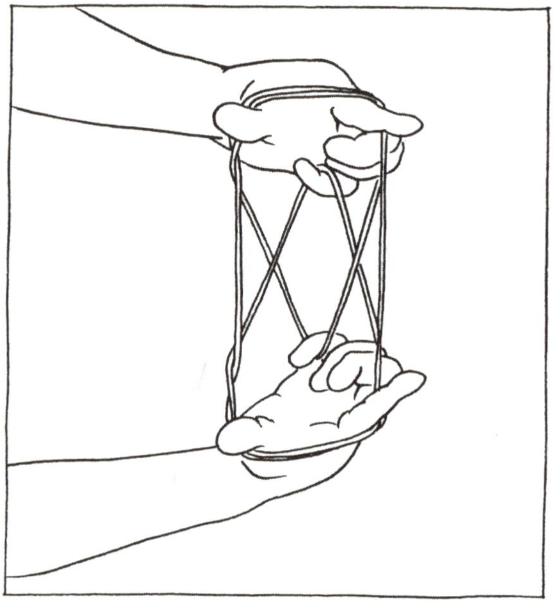

Sie ist gleichzeitig die Ausgangsstellung für die 4. Figur.

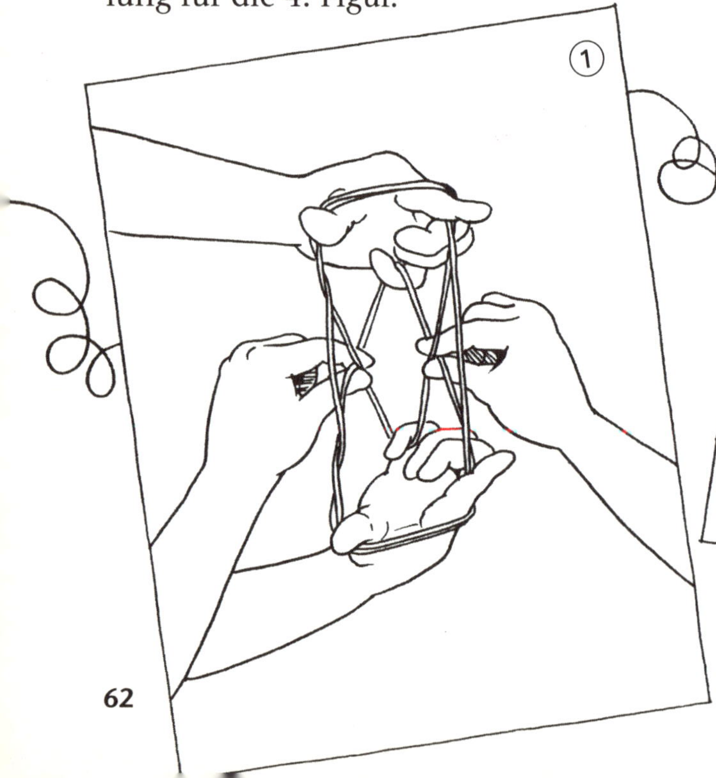

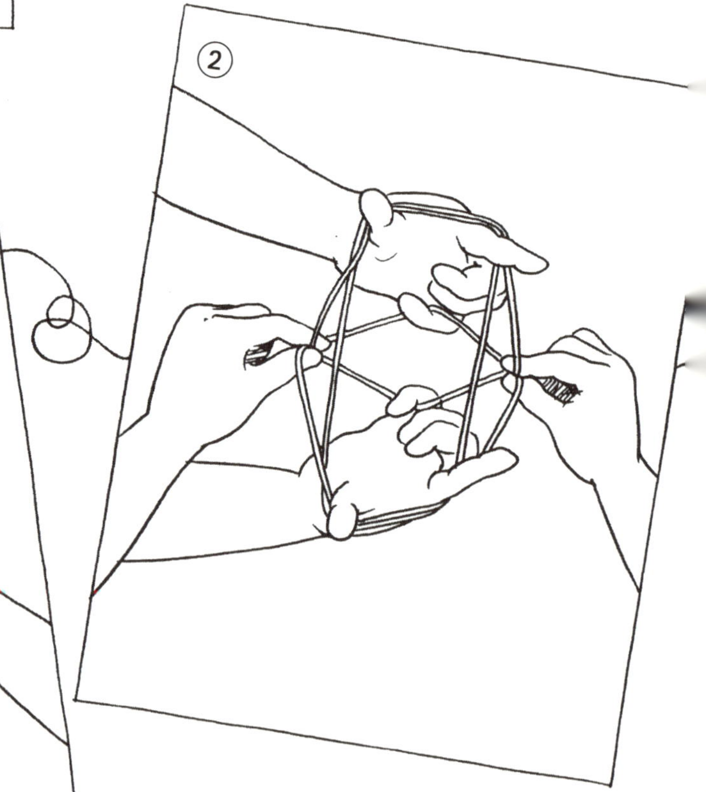

4. Figur:
Die beiden Kreuze von unten fassen und leicht nach außen ziehen. Die beiden äußeren Fäden umgehen und die Kreuze von oben in die Mitte führen. Die Finger spreizen und die Hände auseinander ziehen. Gleichzeitig lässt der Mitspieler die Fäden fallen. Fertig ist die nächste Figur.

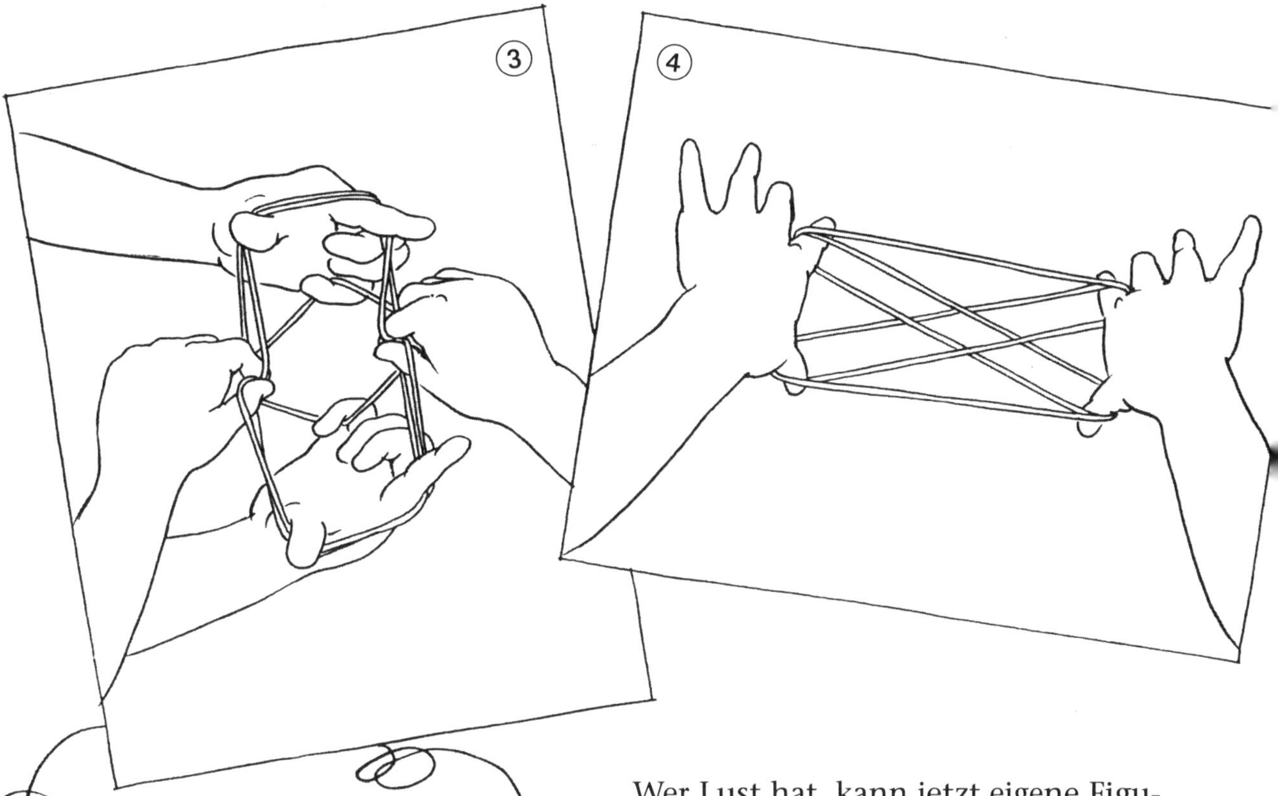

Wer Lust hat, kann jetzt eigene Figuren ausprobieren. Zum Beispiel wieder in die Kreuze fassen, aber diesmal von oben. Leicht nach außen ziehen und von unten in die Mitte kommen. Auseinander ziehen usw.

Drei Chinesen mit dem Kontrabass ...

ab 4 Jahren

❍ **Kein Material**

Statt nur Kassetten zu hören, macht es riesigen Spaß, mal wieder selber zu singen. Dieses Lied ist immer wieder ein Lacherfolg, weil es sich einfach zu lustig anhört, wenn man den Text mit nur einem Vokal singt. Los geht's!

Chinesisch „splechen"

ab 5 Jahren

❍ **Kein Material**

Wie wäre es, wenn Sie sich einmal wie die Chinesen unterhalten, die ja bekanntlich kein R aussprechen können und dafür ein L einsetzen? Kindel haben dalan gloßen Spaß. Man kann daraus sogar einen kleinen Wettbewerb machen: Wel kann am längsten ohne Fehlel splechen?

1. Drei Chinesen mit dem Kontrabass
saßen auf der Straße und erzählten sich
was.
Da kam die Polizei: „Ja, was ist denn
das?“
„Drei Chinesen mit dem Kontrabass.“

(Alle Vokale werden jeweils durch
a, e, i, o und u ersetzt:)

2. Dra Chanasan mat dam Kantra-
bass ...
3. Dre Chenesen met dem Kentre-
bess ...
4. Dri Chinisin mit dim Kintribiss ...
5. Dro Chonoson mot dom Kontro-
boss ...
6. Dru Chunusun mut dum Kuntru-
buss ...

Singspiel

ab 6 Jahren

❍ **Kein Material**

Ein Spieler stimmt ein Lied an, das er lauthals schmettert, um plötzlich mittendrin aufzuhören. Jetzt ist es am Nächsten, ein Lied zu finden, das mit dem gleichen Buchstaben beginnt, mit dem das letzte Lied so abrupt geendet hat.

Auf der Mauer, auf der Lauer ...

ab 4 Jahren

❍ **Kein Material**

Wer jetzt so richtig eingestimmt ist, sollte weitersingen. Natürlich nicht einfach ein normales Lied, sondern eines, bei dem man schon etwas aufpassen muss, damit man keinen Fehler macht. So wie bei diesem Lied.

Bei der zweiten Strophe wird einfach der letzte Buchstabe von „Wanzen“ und „tanzen“ weggelassen. Das geht so lange, bis der letzte Buchstabe der Wörter verschwunden ist. Danach kann man langsam wieder auffüllen.

1. Auf der Mauer, auf der Lauer
sitzt 'ne kleine Wanzen.
Seht euch nur die Wanzen an,
wie die Wanzen tanzen kann!
Auf der Mauer, auf der Lauer
sitzt 'ne kleine Wanzen.

2. Auf der Mauer, auf der Lauer
sitzt 'ne kleine Wanze.
Seht euch nur die Wanze an,
wie die Wanze tanze kann!

3. Auf der Mauer, auf der Lauer
sitzt 'ne kleine Wanz.
Seht euch nur die Wanz an,
wie die Wanz tanz kann!

4. Auf der Mauer, auf der Lauer
sitzt 'ne kleine Wan.
Seht euch nur die Wan an,
wie die Wan tan kann!

5. Auf der Mauer, auf der Lauer
sitzt 'ne kleine Wa.
Seht euch nur die Wa an,
wie die Wa ta kann!

6. Auf der Mauer, auf der Lauer
sitzt 'ne kleine W.
Seht euch nur die W an,
wie die W t kann!

7. Auf der Mauer, auf der Lauer
sitzt 'ne kleine –.
Seht euch nur die – an,
wie die – – kann!

Ich sehe ein Nilpferd

ab 6 Jahren

❍ Kein Material

Ein Spieler beginnt einen Satz, zum Beispiel: „Ich sehe ein Nilpferd, das sitzt …“ Der zweite Spieler ergänzt: „… mitten in unserer Küche“. Nun ist der erste Spieler wieder dran und wiederholt: „Ich sehe ein Nilpferd, das sitzt mitten in unserer Küche. Es frisst …“

Der zweite Spieler fährt fort: „… ein Stück Apfelkuchen“. Nun ist der erste Spieler wieder an der Reihe: „Ich sehe ein Nilpferd, das sitzt mitten in unserer Küche. Es frisst ein Stück Apfelkuchen. Es ist so dick wie …“

Man darf gespannt sein, was für eine verrückte Geschichte am Schluss herauskommt.

Wer sieht was?

ab 4 Jahren

❍ Papier und Stift

Während einer Autofahrt wird eine Liste erstellt mit Dingen, die am Straßenrand zu sehen sind. Zum Beispiel:

Je nach Alter des Kindes und Wegstrecke sieht diese Liste anders aus. Nun beginnt das Spiel, indem das erste Wort der Liste vorgelesen wird. Wer als Erster die Sache entdeckt, bekommt einen Punkt. Der Sieger des Spiels darf die nächste Liste anfertigen.

Die R-Sprache

ab 6 Jahren

❍ Kein Material

Diese Geheimsprache zu lernen geht fix und es macht großen Spaß, sich in dieser Sprache zu unterhalten. Es wird einfach nach jedem Selbstlaut ein R eingeschoben und der Selbstlaut noch mal wiederholt:
„Daras karann jerederes Kirind irin fürünf Mirinuruteren."
Noch lustiger klingt es, wenn das R verdoppelt wird:

Schweigeminute

ab 6 Jahren

❍ **Uhr mit Sekundenzeiger**

Dieses Spiel ist hervorragend dafür geeignet, etwas Ruhe „auf den Rücksitz“ zu bringen und dem vielleicht genervten Fahrer zu etwas Stille zu verhelfen.
Auf das Startzeichen „Auf die Plätze – fertig – pssst!“ wird möglichst genau eine Minute geschwiegen. Wer glaubt, dass die Minute vorüber ist, meldet sich mit „Jetzt“. Gewonnen hat, wer mit seiner Schätzung am nächsten liegt.
Natürlich kann man das Spiel auch auf zwei Minuten ausdehnen oder auf eine halbe Minute verkürzen. Das bestimmt der, der beim vorigen Spiel gewonnen hat.

Wie lang ist ein Kilometer?

ab 6 Jahren

❍ Kein Material

Auch bei diesem Spiel geht es um das richtige Schätzen. Fahrer oder Beifahrer geben das Startzeichen und die Spieler versuchen zu schätzen, wann ein Kilometer zurückgelegt wurde. Wer glaubt, der Kilometer sei erreicht, ruft „Jetzt“ und es wird geprüft, wer mit seiner Schätzung richtig lag.

100 hat's!

ab 8 Jahren

❍ Papier und Bleistift

Jeder Mitspieler wählt sich eine Autofarbe. Am besten eine, die häufig vorkommt. Hat sich ein Spieler zum Beispiel für die Farbe Schwarz entschieden, darf er bei allen schwarzen Autos, die entgegenkommen, die letzte Zahl auf dem Nummernschild (z. B. RV – JA 214, also die Vier) aufaddieren. Wer zuerst die 100 erreicht hat, hat gewonnen!

Stimmt das?

ab 8 Jahren

❍ **Kein Material**

Vor dem Spiel dürfen sich die Mitspieler noch mal genau die Gegend anschauen. Danach schließt ein Spieler die Augen. (Der Fahrer sollte diesen Spielpart allerdings nicht übernehmen!)
Danach zählt ein anderer Spieler bis zu zehn Gegenstände auf, die es in der Umgebung zu sehen gibt. Eines ist allerdings frei erfunden. Errät es der blinde Mitspieler, darf er in der nächsten Runde die Aufzählung übernehmen.

Die Reise nach Amerika

ab 8 Jahren

❍ **Kein Material**

Ein gutes Gedächtnis und etwas Kenntnis in Geographie sind Voraussetzung für dieses Spiel. Ein Spieler beginnt: „Ich reise nach Amerika und albere mit Anna.“ Der nächste Spieler wiederholt diesen Satz und ergänzt: „Ich reise nach Belgien und begegne einem Bus.“

Wichtig ist, dass der Anfangsbuchstabe des Landes sich in einer Tätigkeit und einem Gegenstand wiederholt. Das geht so lange, bis ein Spieler einen Fehler macht.

Geld schnüffeln

ab 4 Jahren

- ❍ Mehrere Münzen

Während Sie im Restaurant auf das Bezahlen warten und die Geldbörse schon in der Hand halten, können Sie während dieser Wartezeit eine kleine Wette abschließen: Wetten Sie mit Ihrem Kind, dass Sie „schnüffeln“ können, welches Geldstück das Kind in der Hand gehalten hat. Das Kind sucht sich aus mehreren Münzen eine aus und hält diese fest in der Hand. Das muss sein, damit der Geruch abfärbt, behaupten Sie.

Nach einer Weile wird die Münze zu den anderen zurückgelegt und Sie erschnüffeln sich (ein bisschen Show muss sein!) natürlich genau diejenige, die das Kind in der Hand hatte. Wie? Ganz einfach, es ist die wärmste Münze.

Zehner locken

ab 4 Jahren

- ❍ Tisch mit Tischdecke
- ❍ Zehn-Pfennig-Stück
- ❍ Glas
- ❍ 4 Streichhölzer

Sitzen Sie im Restaurant an einem Tisch mit Tischtuch? Dann ist das die ideale Voraussetzung für dieses Spiel. Zuerst zwei Streichhölzer parallel nebeneinander legen. Dazwischen kommt ein Zehn-Pfennig-Stück.

Nun werden zwei weitere Streichhölzer quer über die beiden ersten gelegt. Darüber kommt ein Glas. Wie kommt man jetzt an das Zehn-Pfennig-Stück, ohne den „Turm“ abzubauen oder gar zu berühren? Gar nicht so schwer!
Man muss es nur „locken“, indem man am Tischtuch kratzt, das allerdings locker aufliegen muss.

Münzenfußball

ab 5 Jahren

- 3 Münzen
- 2 Korken o. ä.

Auf einem Tisch wird mit zwei Korken ein Tor aufgestellt. In angemessenem Abstand (je nach Platz) werden drei Münzen im Dreieck aufgestellt. Ziel ist es, eine Münze mit dem Finger in das Tor zu schubsen. Damit das Ganze nicht zu einfach wird, muss dabei immer eine Münze durch die Mitte der beiden anderen geschnipst werden. Je nach Abstand zum Tor hat jeder Spieler drei (fünf) Versuche. Danach wird gewechselt.

Im Restaurant

Wer hat die beste Puste?

ab 4 Jahren

❍ **Papier**

Ein Stück Papier wird so gefaltet, dass es stehen kann (siehe Zeichnung). Nun wird ein Ziel ausgewählt. Zum Beispiel ein Tor aus zwei Gläsern bauen.

Jetzt muss das Papier durch vorsichtiges Pusten vorwärts bewegt werden, ohne dass es umfällt. Natürlich Richtung Tor. Wer es geschafft hat, bekommt einen Punkt und der Gegenspieler ist dran. Fällt das Papier aber um, wird sofort gewechselt.

Klingelingeling, so schellt's im Laden …

ab 5 Jahren

❍ **Kein Material**

Jeder Spieler streckt eine Hand aus. Ein Spieler beginnt mit dem Vers „Klinge-linge-ling, so schellt's im La-den, klei-ne di-cke Frau, was woll'n Sie ha-ben? Kaf-fee o-der Tee?“

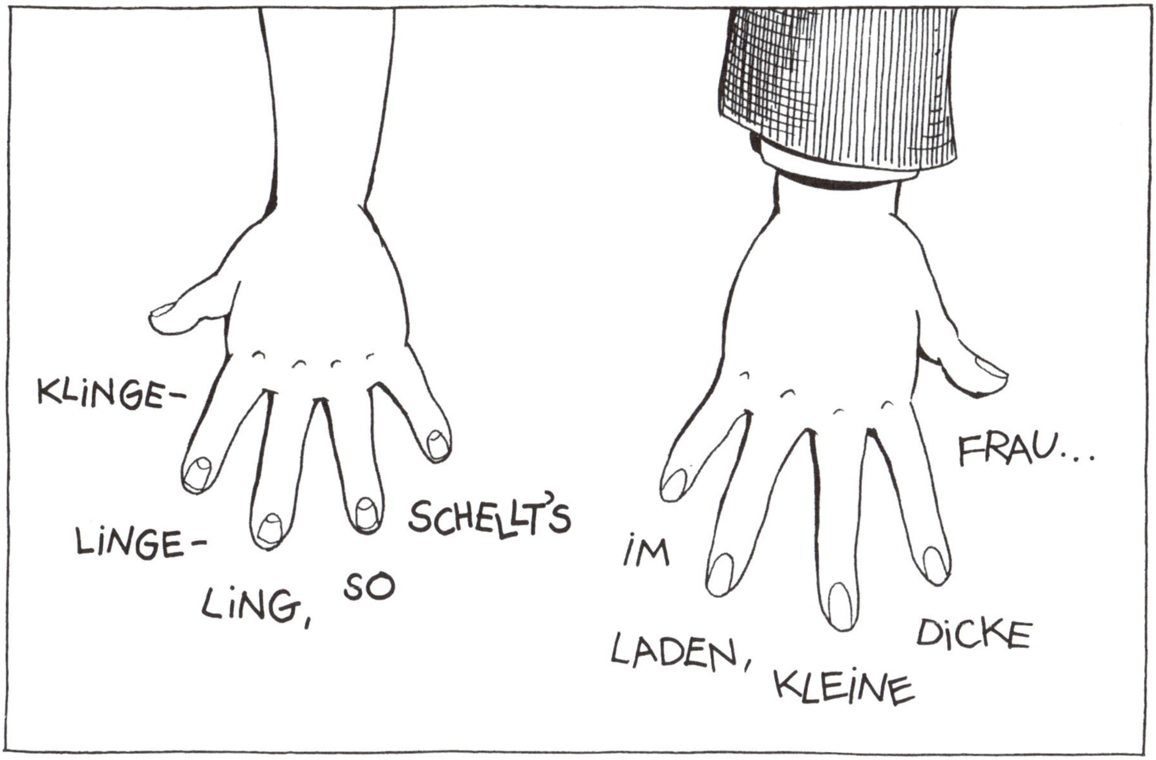

Dabei wird bei jeder Silbe ein Finger angetippt. Am Ende des Verses darf der zuletzt angetippte „Finger" entscheiden, ob er Kaffee oder Tee will. Nun wird abgezählt: Für jeden Buchstaben des gewünschten Wortes ein Finger.

Der zum Schluss angetippte Finger muss „verschwinden", indem er eingeknickt wird.

Wer als Erster keinen ausgestreckten Finger mehr hat, hat verloren. Da heißt es gut aufpassen und bei den Buchstaben mitzählen.

Im Restaurant

Wer zieht den Kürzeren?

ab 5 Jahren

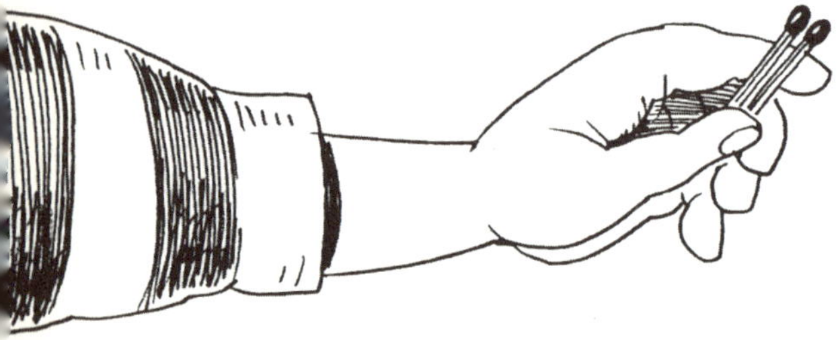

❍ 2 Streichhölzer

Dieses Spiel ist fast ein kleiner Zaubertrick. Zwei Streichhölzer werden vorgezeigt und eines davon in der Mitte durchgebrochen.

Die Streichhölzer werden so in die Hand genommen, dass nur die Enden herausschauen. Nun wird die Behauptung aufgestellt, das Kind werde auf jeden Fall das kürzere Streichholz ziehen. Und tatsächlich: Egal welches Streichholz gezogen wird, es ist immer das Kürzere.
Der Grund? Ganz einfach, das lange Streichholz wurde ebenfalls durchgebrochen und nur zum Vorzeigen zusammengefügt. Die Holzfasern verdecken den Bruch. Nachdem das Kind den Trick durchschaut hat, wird es bestimmt versuchen, nun seinerseits ein „Opfer“ hereinzulegen.

Streichholz-mikado

ab 5 Jahren

- 1 volle Streichholzschachtel
- Feuerzeug
- Tisch

Aus der Streichholzschachtel wird ein Hölzchen genommen, angezündet, gleich wieder ausgeblasen und auf den Tisch gelegt. Die anderen Streichhölzer werden auf das schwarze Hölzchen gestellt und rasch losgelassen, sodass sie alle wirr durcheinander purzeln. Ist das Gewirr nicht allzu groß, kann man den Versuch auch wiederholen.

Aufgabe ist es, an das schwarze Hölzchen zu gelangen. Stück für Stück werden die Streichhölzer abgetragen, natürlich darf sich kein anderes bewegen, sonst wird gewechselt. Wer das schwarze Hölzchen bekommt, hat gewonnen.

Ist das Kind für die kleinen Streichhölzer noch nicht fingerfertig genug, kann man folgende Variante spielen. Die Streichhölzer über dem schwarzen Streichholz werden vorsichtig weggepustet. Dabei dürfen sich natürlich alle Hölzchen bewegen. Nur das Schwarze nicht, das zum Schluss allein liegen bleiben muss.

Pfeffer und Salz

ab 6 Jahren

- ❍ Serviette
- ❍ Pfeffer und Salz
- ❍ Plastiklöffel

In vielen Restaurants stehen ein Pfeffer- und Salzstreuer auf dem Tisch. Streuen Sie von jedem etwas auf eine Serviette. Natürlich nicht zu viel, schließlich wollen Sie ja den Restaurantbesitzer nicht verärgern. Bitten Sie nun das Kind, Pfeffer und Salz mit Hilfe eines Löffels wieder voneinander zu trennen. Das ist natürlich völlig unmöglich, aber mit Hilfe eines Tricks geht's:
Den Löffel über ein Kleidungsstück reiben (möglichst aus Kunstfasern),

Hochstapler

ab 6 Jahren

- ❍ Streichhölzer

Jeder Spieler erhält eine bestimmte Anzahl Streichhölzchen. In jeder Runde wird versucht, einen möglichst stabilen Turm zu bauen. Dabei darf aber jeder Spieler nicht mehr als drei Hölzchen auf einmal verwenden. Fallen Hölzchen herunter, muss der Übeltäter diese zu sich nehmen. Ziel ist es, als Erster seine Hölzchen loszuwerden.

um diesen „aufzuladen". Wenn man jetzt den Löffel über das Gewürzgemisch hält, springt der leichtere Pfeffer hoch und klebt am Löffel.
Kleineren Kindern kann man diesen Trick als Zauberei verkaufen, für größere Kinder kann dieser Versuch genutzt werden, einen kleinen Einblick in statische Elektrizität zu geben. Lassen Sie das Kind von seinen Erfahrungen erzählen.

Taschenkino

ab 6 Jahren

- Papierstreifen (z. B. 21 x 7 cm)
- Runder Bleistift

Den Papierstreifen in der Mitte falten. Auf die rechte Seite ein Männchen malen. Das Papier zuklappen und das Männchen auf der Vorderseite mit veränderter Haltung oder Miene durchzeichnen.
Jetzt wird die Vorderseite auf den Bleistift aufgewickelt, mit der bemalten Seite nach innen, und schnell auf und ab gerollt. Wenn man es fix genug macht, bewegt sich das Männchen.

Der Letzte wird der Erste sein

ab 8 Jahren

○ 30 Streichhölzer

Zwei Spieler sitzen sich an einem Tisch gegenüber, auf dem die 30 Streichhölzer liegen. Abwechselnd darf nun jeder Spieler Streichhölzer wegnehmen, aber nicht mehr als sechs auf einmal.
Gewonnen hat, wer als Letzter Hölzchen vom Tisch nimmt. Zugegeben, mit einem kleinen Trick kann man dem Sieg nachhelfen und damit garantiert für Verblüffung sorgen. Wichtig ist, dass der Spielpartner anfängt und man selbst immer so viele Hölzchen wegnimmt, dass eine Siebener-Reihe voll ist.

Zum Beispiel: Der Mitspieler nimmt sechs Hölzchen, dann darf man selbst natürlich nur eines wegnehmen. Nimmt der Mitspieler drei Hölzchen, dann müssen vier weg usw. Ist die Frustgrenze beim Mitspieler nach einer gewissen Siegesserie erreicht, sollte man den Trick verraten.

Noch ein Streichholz-Trick

ab 8 Jahren

❍ **2 Streichhölzer**

Wenn die Streichhölzer schon einmal ausgepackt sind, kann man gleich noch diesen Trick anschließen:

Wer schafft es, mit nur zwei Hölzchen ein Viereck zu bilden, ohne dass ein Hölzchen geknickt oder ein weiteres hinzugefügt wird? Wem das gelingt, der wird auch die nächste Aufgabe spielend lösen, nämlich mit nur einem Steichholz ein Dreieck zu bilden.

Die Lösung ist kein Problem, wenn man an einem Tisch sitzt, oder?

Was macht die Maus?

ab 3 Jahren

- Großes Taschentuch

Mit ein bisschen Übung kann man aus einem Taschentuch eine süße Maus zaubern, und das geht so:

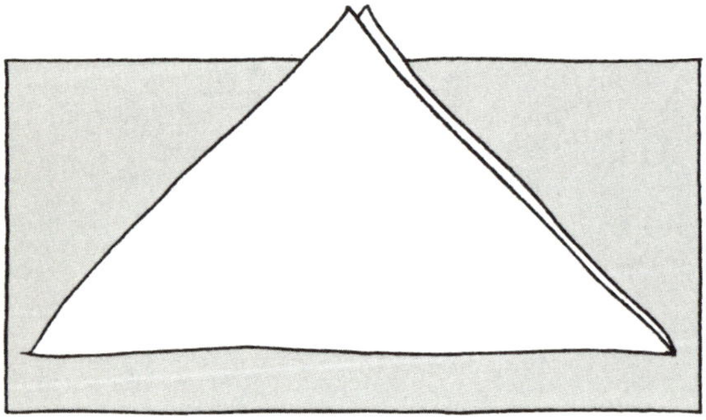

Zuerst das Taschentuch zum Dreieck falten.

Die beiden unteren Spitzen in der Mitte zusammenlegen und dabei etwas überstehen lassen.

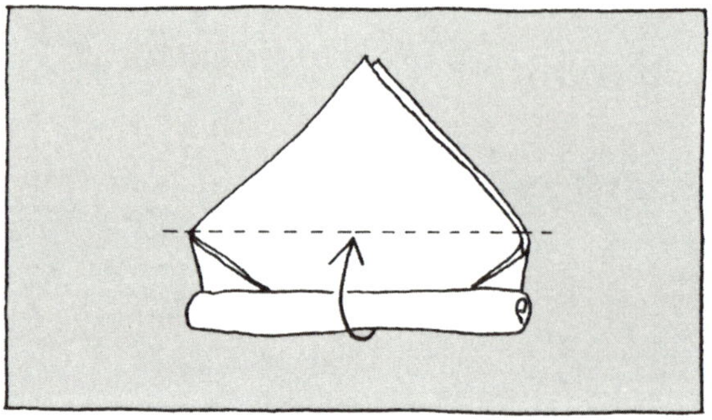

Die untere Kante bis zur Mitte aufrollen.

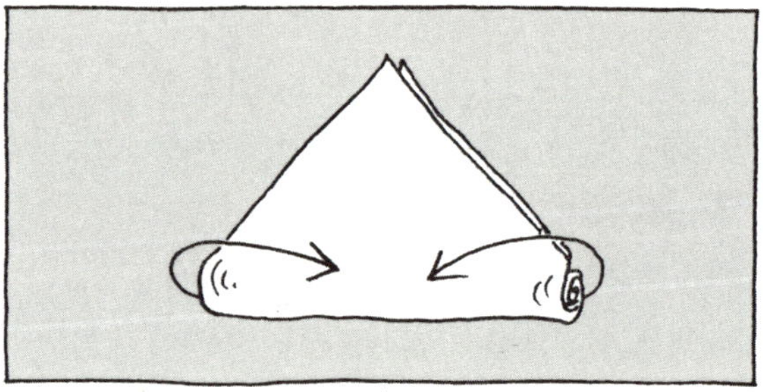

Das Ganze umdrehen und die beiden Enden der Rolle in die Mitte legen, sodass ein Ring entsteht.

Die obere Spitze in den Ring hineinstecken und eindrehen …

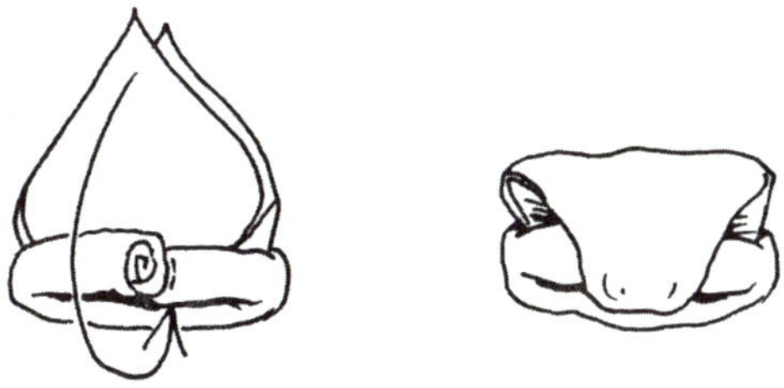

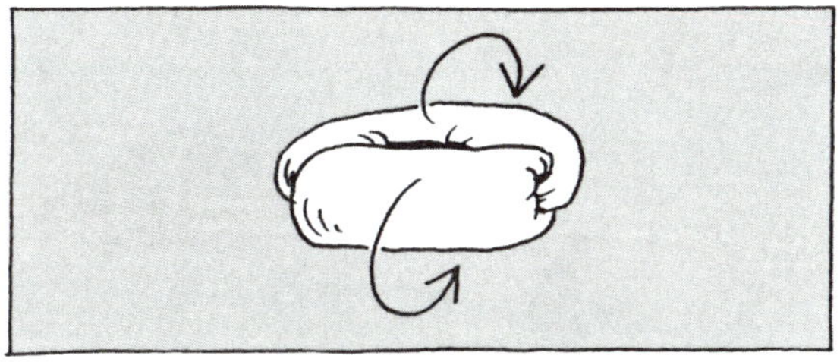

… bis eine Wurst entsteht.

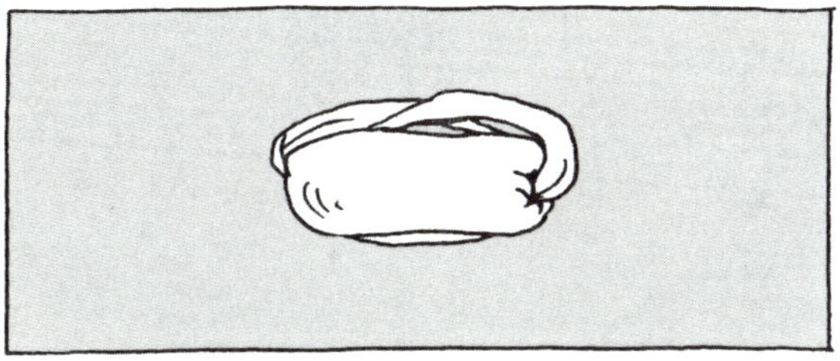

So lange weiterkrempeln …

… bis die Zipfel wieder herauskommen.

Einen Zipfel auseinander streifen und quer zum Mäusekörper wieder aufrollen. Einen Knoten machen – und fertig ist das Mäuseköpfchen.

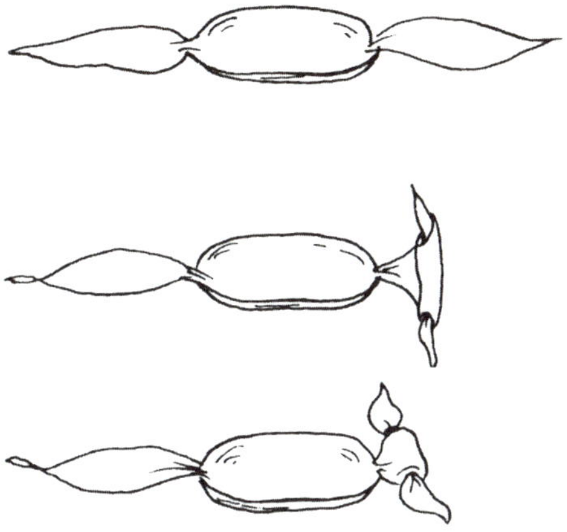

Der andere Zipfel ist das Schwänzchen.

Und was macht die Maus?

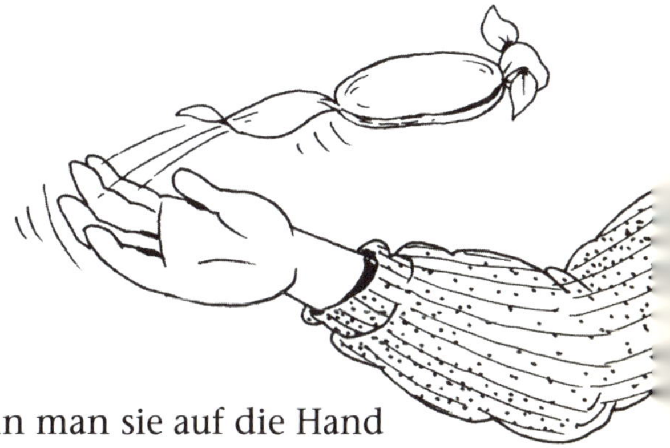

Wenn man sie auf die Hand legt, kann man ihr mit den Fingern einen schnellen Schubs geben, sodass die Maus – zack – einen Riesensatz macht.

Schattenspiel

ab 6 Jahren

- ❍ Lampe

Das Zimmer wird verdunkelt und vor das Bett eine Lampe gestellt. Nun kann sich das Kind einen ganzen Zoo ins Zimmer holen.

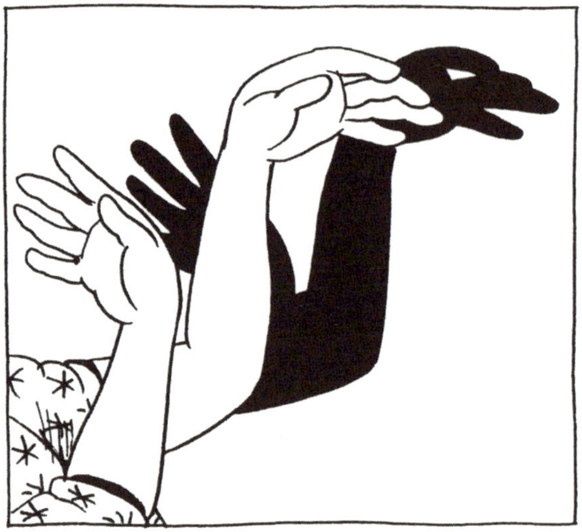

Funzeln

ab 6 Jahren

❍ Taschenlampe

Mit einer Taschenlampe kann man im Dunkeln wunderbar spielen. Zum Beispiel mit dem Lichtstrahl Worte an die Wand schreiben oder Dinge aufmalen, die der Mitspieler erkennen muss. Mit zwei Lampen kann man „Fangen“ spielen. Ein Lichtstrahl jagt den anderen. Sobald er ihn erwischt hat, wird er zum Gejagten. Dies ist übrigens eine gute Möglichkeit für ein krankes Kind, seinen Bewegungstrieb auf diese Weise etwas abzureagieren.

Wellenschlagen

ab 3 Jahren

- ❍ Verschließbare Flasche
- ❍ 6 Löffel Speiseöl
- ❍ Essig
- ❍ Blaue Lebensmittelfarbe oder Tinte
- ❍ Glimmer oder Sternchen

Nachdem die Flasche ausgespült und getrocknet wurde, füllt man das Öl und den Essig hinein. Was geschieht?
Nun kann man diese interessante Flüssigkeit mit blauer Lebensmittelfarbe oder Tinte einfärben.
Die Flasche so hin und her bewegen, dass sanfte Wellen entstehen. Auf kranke Kinder hat diese Beschäftigung eine sehr beruhigende Wirkung und lenkt von Fieber, Schmerzen und Langeweile ab.
Noch interessanter wird es, wenn Glimmer, Sternchen u. ä. in die Flasche gefüllt werden.
Darauf achten, dass der Verschluss nicht wieder aufgemacht werden kann (mit Schnellkleber zukleben).

Schwimmender Papierfisch

ab 3 Jahren

- ❍ Karton
- ❍ Schüssel mit heißem Wasser
- ❍ Öl

Eine tolle Sache: Ein Papierfisch, der schwimmen kann!
Dazu wird aus einem glatten Karton (keine Wellpappe) ein Fisch ausgeschnitten, der ca. 5 cm lang ist.
Nun wird vom Schwanz aus ein schmaler Kanal geschnitten, der ungefähr in der Mitte als Loch endet.
Der Fisch wird vorsichtig auf die Wasseroberfläche gelegt, sodass er nicht untergeht.

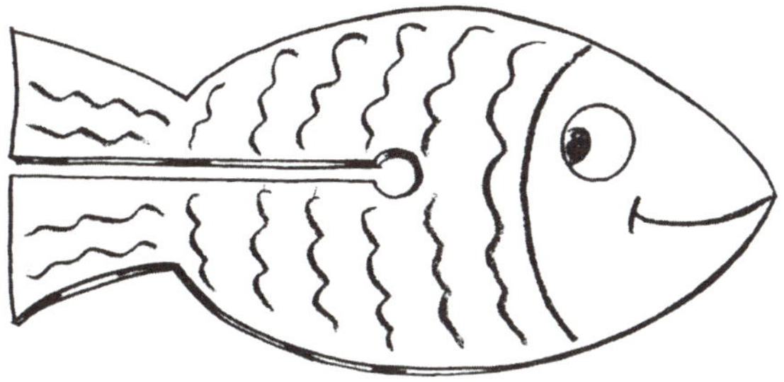

In das Loch werden vorsichtig einige Tropfen Öl gegeben und, Wunder über Wunder, der Fisch fängt an zu schwimmen. Die Erklärung ist einfach: Das Öl will sich auf der Wasseroberfläche verteilen, sucht sich seinen Weg durch den Kanal und es entsteht ein leichter Druck, der den Fisch vorwärts bewegt.

Was ist das?

ab 4 Jahren

❍ **Pfeifenputzer**

Ein einfacher Pfeifenputzer kann einen Baukasten ersetzen. Er ist biegsam und bleibt dennoch in Form. Ideal also, um die verschiedensten Formen zurechtzubiegen.

Die Spieler biegen abwechselnd eine Form und der Gegenspieler rät, um was es sich handelt. Vielleicht kann man zur Form sogar noch eine kleine Geschichte erzählen.

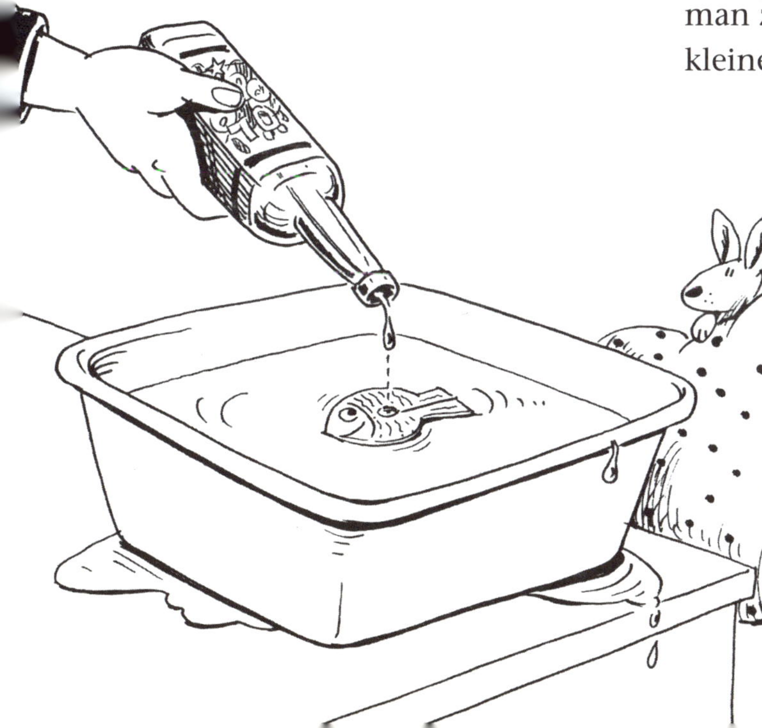

Dressierte Streichhölzer

ab 6 Jahren

- ❍ Streichhölzer ohne Kopf
- ❍ Strohhalm
- ❍ Seife und Honig
- ❍ Wasserschüssel

Kleinen Kindern sollte man diesen Trick vorführen: In einer mit Wasser gefüllten Schüssel lässt man einige Streichhölzer schwimmen. Natürlich sind diese gut dressiert und folgen auch Befehlen. Taucht man ein Ende eines Strohhalmes ins Wasser und befiehlt: „Kommt her!“, dann schwimmen die Streichhölzer zum Strohhalm hin.

Taucht man das andere Ende ein und sagt: „Schwimmt weg!“, wird auch diese Anweisung befolgt. Des Rätsels Lösung: In ein Ende des Strohhalmes wird etwas Seife gefüllt, was die Streichölzer wegtreibt, und in das andere Ende Honig, was sie herbeilockt.

Weitermalen

ab 5 Jahren

- ❍ Papier und Buntstifte

Manchmal braucht ein Kind nur einen Impuls, um ein Bild zu malen. Ein Spieler fängt an, zum Beispiel Augen zu malen. Das Kind malt das Gesicht dazu. Die Spieler wechseln sich ständig ab, bis ein lustiges Bild entstanden ist.

Namen malen

ab 6 Jahren

❍ **Papier und Buntstifte**

Dieses Spiel können auch Kinder spielen, die ihren Namen nicht schreiben können. Voraussetzung ist allerdings, dass sie den Namen in Laute zerlegen können. Für jeden Buchstaben wird ein Bild von einem Gegenstand gemalt, der mit demselben Buchstaben beginnt.
Man kann mehrere Namensbilder anfertigen und dann die Eltern raten lassen, wer gemeint ist.

Papierhut und Schiffchen

ab 6 Jahren

○ **Zeitungsseite**

Einen Papierhut oder ein Schiffchen falten, gehört in jedes Beschäftigungsrepertoire. Wissen Sie noch, wie es geht? Kein Problem!

Hut: Die Zeitung wird einmal waagerecht und einmal senkrecht gefaltet. Die Schmalseiten aufeinander legen.
Die beiden Ecken zum Mittelbruch falten. Die beiden Enden nach oben klappen und die Ecken umknicken. Fertig!

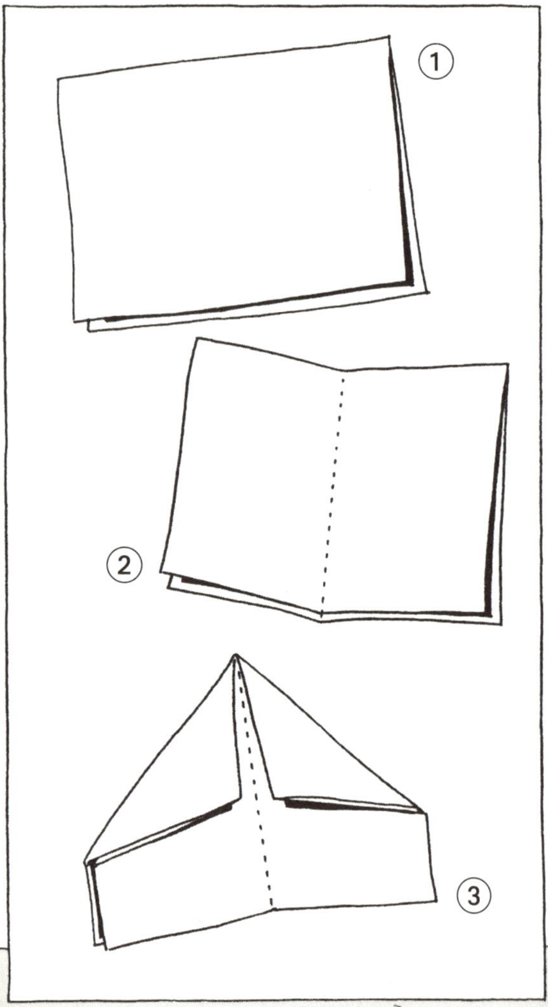

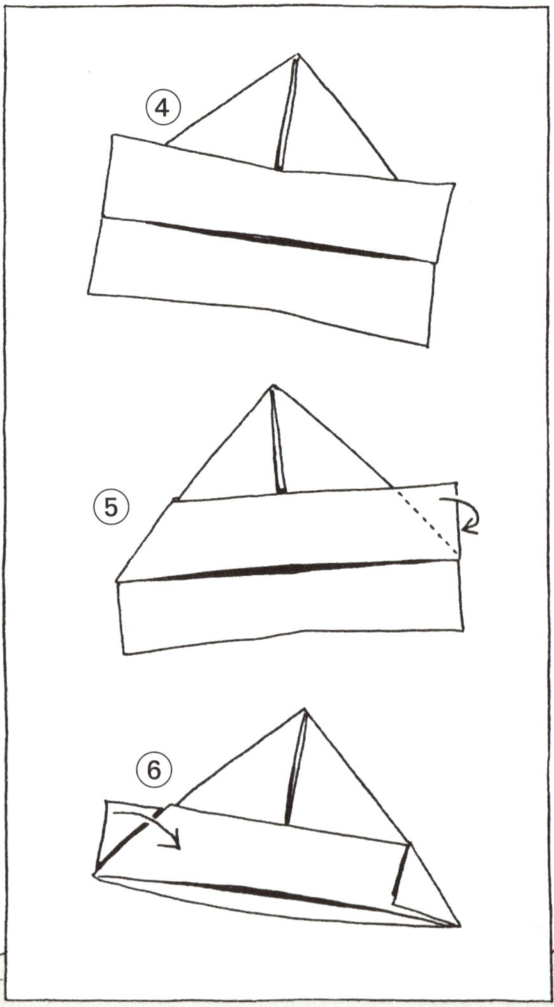

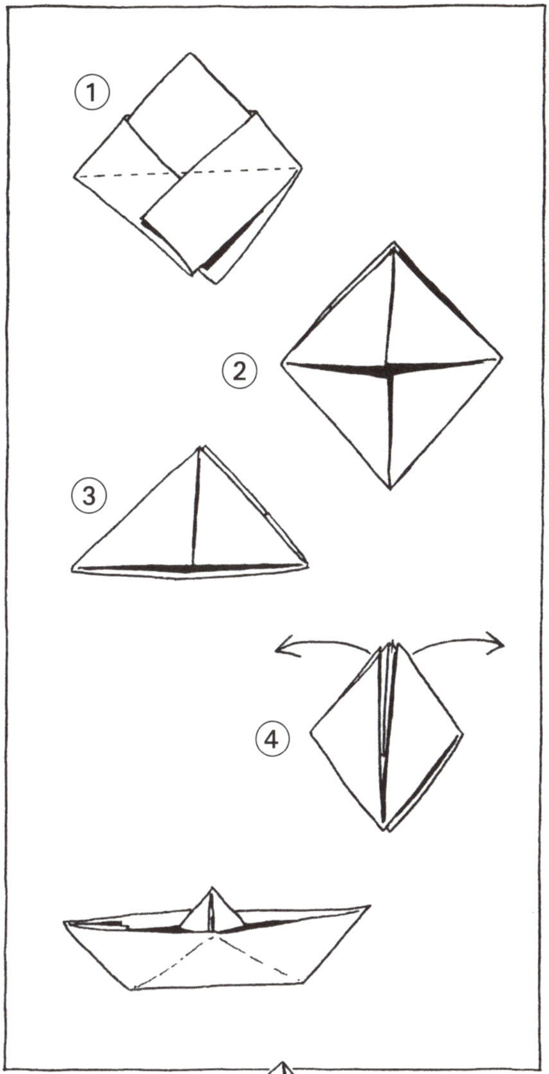

Schiffchen: Zuerst einen Hut falten. Diesen dann so umknicken, dass die Seitenlinien zur Mittellinie werden. Die untere Spitze des so entstandenen Dreiecks nach oben falten. Das Ganze wieder umknicken, dass die Seitenlinien zur Mittellinie werden. Die beiden Spitzen nach außen ziehen, und fertig ist das Schiffchen!

Das verschwundene Geldstück

ab 7 Jahren

- ❍ Armbanduhr
- ❍ Geldstück

Wer krank im Bett liegt, hat viel Zeit, um endlich einmal einen Zaubertrick einzuüben. Besonders beeindruckend sind Zauberkunststücke, bei denen etwas verschwindet. Und das geht so:

Zuerst muss eine Armbanduhr angezogen werden. Die rechte Hand hält das Geldstück zwischen drei Fingern: Daumen, Zeige- und Mittelfinger. Die Münze wird scheinbar mit dem Daumen in die offene linke Hand gelegt und diese geschlossen. Dabei wird der Daumen mit eingeschlossen. Zeige- und Mittelfinger schieben währenddessen das Geldstück

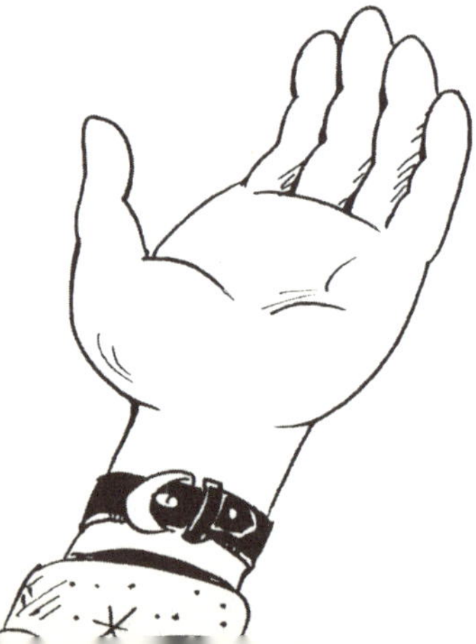

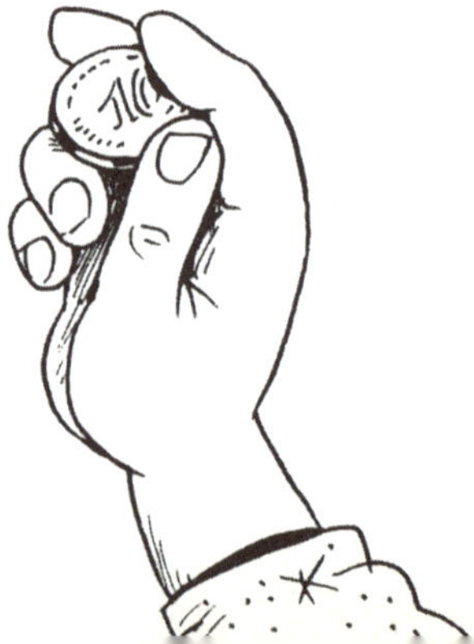

am Handrücken vorbei unter das Zifferblatt der Armbanduhr. Jetzt die rechte Hand leer vorzeigen. Einen Zauberspruch murmeln, auf die linke Hand blasen oder spucken und diese dann theatralisch und betont langsam öffnen. Tatsächlich – keine Münze mehr zu sehen.
Wer diesen Trick beherrscht, kann versuchen, die Münze wieder herbeizuzaubern, indem er auf umgekehrte Weise verfährt.

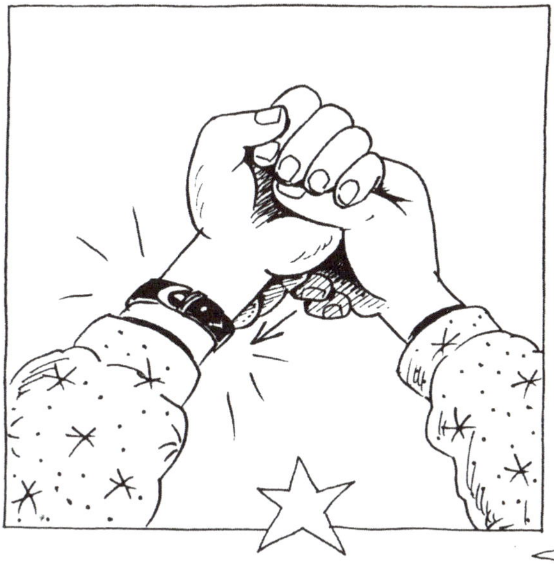

Die Schreibweise entspricht den Regeln der neuen Rechtschreibung.

Text: Elke Dannecker
Illustrationen: Birgit Rieger
Umschlaggestaltung: Dirk Lieb
Umschlagfoto: IFA-Bilderteam
Redaktion: Ulla Minje
Satz: Quark XPress 3.31
Printed in Slowenia

3 2 1 99 98 97

ISBN 3-473-37282-X

Die Deutsche Bibliothek –
CIP-Einheitsaufnahme

100 Fünf-Minuten-Spiele /
Elke Dannecker (Hrsg.); Birgit Rieger.–
Ravensburg: Ravensburger Buchverl., 1997
ISBN 3-473-37282-X